COLEÇÃO EXCELSIOR

BIOGRAFIAS — MEMÓRIAS — DIÁRIOS — CONFISSÕES
ROMANCE — CONTO — NOVELA — FOLCLORE
POESIA — HISTÓRIA

1. MINHA FORMAÇÃO — Joaquim Nabuco
2. WERTHER (Romance) — Goethe
3. O INGÊNUO — Voltaire
4. A PRINCESA DE BABILÔNIA — Voltaire
5. PAIS E FILHOS — Ivan Turgueniev
6. A VOZ DOS SINOS — Charles Dickens
7. ZADIG OU O DESTINO (História Oriental) — Voltaire
8. CÂNDIDO OU O OTIMISMO — Voltaire
9. OS FRUTOS DA TERRA — Knut Hamsun
10. FOME — Knut Hamsun
11. PAN — Knut Hamsun
12. UM VAGABUNDO TOCA EM SURDINA — Knut Hamsun
13. VITÓRIA — Knut Hamsun
14. A RAINHA DE SABÁ — Knut Hamsun
15. O BANQUETE — Mario de Andrade
16. CONTOS E NOVELAS — Voltaire
17. A MARAVILHOSA VIAGEM DE NILS HOLGERSSON — Selma Lagerlöf
18. SALAMBÔ — Gustave Flaubert
19. THAIS — Anatole France
20. JUDAS O OBSCURO — Thomas Hardy
21. POESIAS — Fernando Pessoa
22. POESIAS — Álvaro de Campos
23. POEMAS — Alberto Caeiro
24. ODES — Ricardo Reis

# POESIAS

COLEÇÃO EXCELSIOR

Vol. 22

Capa
*Cláudio Martins*

**EDITORA ITATIAIA**
BELO HORIZONTE
Rua São Geraldo, 53 — Floresta — Cep. 30150-070
Tel.: 3212-4600 — Fax: 3224-5151
e-mail: vilaricaeditora@uol.com.br
Home page: www.villarica.com.br

Álvaro de Campos

# POESIAS

EDITORA ITATIAIA
Belo Horizonte

2005

Direitos de Propriedade Literária desta edição
EDITORA ITATIAIA
Belo Horizonte

Impresso no Brasil
*Printed in Brazil*

# PREFÁCIO

No "Livro do desassossego" confessa Fernando Pessoa não estar satisfeito com os versos que escreveu (frag. 217) e que sua obra era má, o que se apresentava como "uma das tragédias da alma", — obra imperfeita e falhada, reitera ele, eis o máximo da tortura e da humilhação do meu espírito, e pergunta: então, por que escrevo? — e tem uma sua resposta extraordinária: "porque, pregador que sou da renúncia, não aprendi ainda a executá-la plenamente. Não aprendi a abdicar da tendência para o verso e a prosa. Tenho de escrever como cumprindo um castigo. E o maior castigo é o de saber que o que escrevo resulta inteiramente fútil, falhado e incerto". A dúvida sobre si mesmo é a dos rumos de sua própria vida. O cansaço e o tédio se alternam com exaltações de gloriosa liberdade do desenvolvimento industrial, numa fragmentação e multiplicação das linguagens.

Pessoa, o grande poeta, concentrou em si todas as dúvidas e se viu despido das suas mais caras ilusões com Álvaro de Campos. Desde as odes triunfais à Whitman até as expressões depressivas, ambíguas e marginais, a desagregação subjetiva, a inapetência, «apreendidas no entanto com uma tal concentração e apetência de lucidez, que problematiza e dinamiza a unidade do eu, arreda a cômoda metafísica da substancialidade psicológica e nos leva ao limiar do conceito moderno do eu como projeto de vida a refazer-se e no de sociabilidade. A este problema do "eu" trouxe Pessoa muitas fórmulas inquietantes ("de quem é o olhar que espreita por meus olhos?"; "tenho um medo maior do que eu"), ligando aliás o desgarramento da unidade pessoal, a frustração individualista, à falta de simpatia social, à não-compenetração de que "os outros também são eu" (SARAIVA & LOPES. *História da Literatura Portuguesa*, p. 1048-1050)

Ali, em Álvaro de Campos, rompeu com a evolução de seus espelhos, confessou todas as suas mentiras, exteriorizou todas as vestes de sua alma, livrou-se do que não sentia, do peso de seus segredos, mentiu a si próprio revelando a sua verdade, exprimiu-se para errar, nas suas técnicas de sonhos e de consolações. Sofreu não ter mais tantas esperanças vãs. Releu algumas páginas do que escreveu e se decepcionou. Suas velas vãs lhe fogem, cada uma num sentido. Por isso, Álvaro de Campos experimenta as emoções contraditórias. Agressividade e pessimismo.

A «Ode Marítima» diz Alfredo Margarido, «remete para um universo particular, o da pirataria ou da guerra do corso, e o excesso desta actividade, a carnagem sanguinolenta, parece remeter, para o universo da antropofagia que tão frequentemente marcou a guerra dos mares. Antropofagia tanto mais cruel quanto o mar é o lugar onde o homem sobrevive mal, quando consegue fazê-lo. Daí que a língua crua dos piratas pareça confirmar o carácter profissionalmente antropofágico da primeira parte» — «Podemos já entendê-lo perfeitamente neste poema de Álvaro de Campos, mesmo se Fernando Pessoa nunca cita, na poesia ortônima o texto de Stevenson. O que podia levar a pensar em formas de dissociação psíquica, capazes de permitir, ou de impor a fragmentação da memória. Trata-se quase de um problema clínico, que não pertence ao âmbito deste comentário. Não posso todavia deixar de enunciar esta problemática interna à constituição das personalidades de cada um dos heterônimos, sobretudo face a esta nova possibilidade de leitura de a Ode Marítima. Tratando-se, como se trata, de uma operação sempre perigosa, creio que me limitarei a enunciar esta problemática. Receio, como tantos outros, que em nome de elementos exteriores, se quebre o mecanismo insubstituível do imaginário, em proveito das nosologias psiquiátricas ou psicanalíticas. Sem, todavia, esquecer a importância da contribuição psicanalítica para uma melhor compreensão da função e dos mecanismos desses imaginários». (In *JL — Jornal de Letras, Artes e Ideias,* n.º 111. Lisboa, 21 de Agosto de 1984). « Significativamente, nem na obra de Alberto Caeiro nem naquela de Ricardo Reis encontramos a menor alusão ao tema da loucura, enquanto que Álvaro de Campos conserva, como veremos, vestígios do decadentismo e mantém o tema da loucura», diz Georg Rudolf Lind (In *JL — Jornal de Letras, Artes e Ideias,* n.º 95. Lisboa, 01 de Maio de 1984).

Em Campos, a loucura é a utopia.

Mas, que mais queria ele? Depois de ter escrito os mais belos versos da língua portuguesa, a que maior altura desejava ele se alçar?

Álvaro de Campos, mais radical heterônimo foi também o mais próximo do seu próprio nome. A radicalidade do «sensacionismo» provém do futurismo de Marinetti.

Talvez Campos estivesse pensando nos seus amores fracassados, na solidão de sua extraordinária alma; talvez estivesse pensando no seu Marinheiro, "ainda não deu hora nenhuma..." e as três donzelas velam a virgem morta, um resto vago de luar... e as mãos não são verdadeiras nem reais... mas mistérios que habitam na nossa via, a nossa vida... "às vezes, quando fito as minhas mãos, tenho medo de Deus... Não há vento que mova as chamas das velas, e olhai, elas movem-se... veio um dia um barco... veio um dia um barco... — sim sim... só podia ter sido assim... veio um dia um barco, e passou por essa ilha, e não estava lá o marinheiro, de eterno e de belo apenas o sonho... só viver é que faz mal... não rocemos pela vida nem a orla das nossas vestes... não, não vos levanteis... isso seria um gesto, e cada gesto interrompe um sonho... neste momento... "

"As horas têm caído e nós temos guardado silêncio.
Por mim, tenho estado a olhar para a chama daquela vela.
Às vezes treme, outras torna-se mais amarela, outras vezes empalidece.
Eu não sei por que é que isso se dá.
Mas sabemos nós, minhas irmãs, por que se dá qualquer cousa?..."

No "Livro do desassossego" ele conta que não está satisfeito com os versos que escreveu e que sua obra era má e se apresentava imperfeita e falhada. Talvez estivesse fazendo imaginação e outridade. Uma grande alegria, cheia de repouso e liberdade paira em Álvaro de Campos. Tardei sempre, disse. Desejo apenas conseguir o que os outros conseguiram. "Nunca tive a arte de estar vivo ativamente. Fui o devaneio do que quis ser. O meu propósito foi sempre a ficção do que nunca fui", conclui ele. "Tive desejos, mas foi-me negada a razão de tê-los".

*Rogel Samuel*

DIE POESIE IST DAS ECHT
ABSOLUT REELLE. DIES IST DER KERN
MEINER PHILOSOPHIE.
JE POETISCHER, JE WAHRER.

A POESIA É O AUTÊNTICO REAL
ABSOLUTO. ISTO É O CERNE DA
MINHA FILOSOFIA.
QUANTO MAIS POÉTICO, MAIS VERDADEIRO.

NOVALIS

# PARTE I

No lugar dos palácios desertos e em ruínas
À beira do mar,
Leiamos, sorrindo, os segredos das sinas
De quem sabe amar.

Qualquer que ele seja, o destino daqueles
Que o amor levou
Para a sombra, ou na luz se fez a sombra deles,
Qualquer fosse o voo.

Por certo eles foram mais reais e felizes.

Não sei. Falta-me um sentido, um tacto
Para a vida, para o amor, para a glória...
Para que serve qualquer história,
Ou qualquer facto?

Estou só, só como ninguém ainda esteve,
Oco dentro de mim, sem depois nem antes.
Parece que passam sem ver-me os instantes,
Mas passam sem que o seu passo seja leve.

Começo a ler, mas cansa-me o que inda não li.
Quero pensar, mas dói-me o que irei concluir.
O sonho pesa-me antes de o ter. Sentir
É tudo uma coisa como qualquer coisa que já vi

Não ser nada, ser uma figura de romance,
Sem vida, sem morte material, uma ideia,
Qualquer coisa que nada tornasse útil ou feia,
Uma sombra num chão irreal, um sonho num transe.

Se te queres matar, porque não te queres matar?
Ah, aproveita! que eu, que tanto amo a morte e a vida,
Se ousasse matar-me, também me mataria.
Ah, se ousares, ousa!
De que te serve o quadro sucessivo das imagens externas
A que chamamos o mundo?
A cinematografia das horas representadas
Por actores de convenções e poses determinadas,
O circo policromo do nosso dinamismo sem fim?
De que te serve o teu mundo interior que desconheces?
Talvez, matando-te, o conheças finalmente...
Talvez, acabando, comeces...
E de qualquer forma, se te cansa seres,
Ah, cansa-te nobremente,
E não cantes, como eu, a vida por bebedeira,
Não saúdes como eu a morte em literatura!

Fazes falta? Ó sombra fútil chamada gente!
Ninguém faz falta; não fazes falta a ninguém...
Sem ti correrá tudo sem ti.
Talvez seja pior para outros existires que matares-te...
Talvez peses mais durando, que deixando de durar...

A mágoa dos outros?... Tens remorso adiantado
De que te chorem?
Descansa: pouco te chorarão...
O impulso vital apaga as lágrimas pouco a pouco,
Quando não são de coisas nossas,
Quando são do que acontece aos outros, sobretudo a morte,
Porque é a coisa depois da qual nada acontece aos outros...

Primeiro é a angústia, a surpresa da vinda
Do mistério e da falta da tua vida falada...

Depois o horror do caixão visível e material,
E os homens de preto que exercem a profissão de estar ali.
Depois a família a velar, inconsolável e contando anedotas.
Lamentando a pena de teres morrido,
E tu mera causa ocasional daquela carpidação,
Tu verdadeiramente morto, muito mais morto que calculas...
Muito mais morto aqui que calculas,
Mesmo que estejas muito mais vivo além...

Depois a trágica retirada para o jazigo ou a cova,
E depois o princípio da morte da tua memória.
Há primeiro em todos um alívio
Da tragédia um pouco maçadora de teres morrido...
Depois a conversa aligeira-se quotidianamente,
E a vida de todos os dias retoma o seu dia...

Depois, lentamente esqueceste.
Só és lembrado em duas datas, aniversàriamente:
Quando faz anos que nasceste, quando faz anos que morreste;
Mais nada, mais nada, absolutamente mais nada.
Duas vezes no ano pensam em ti.
Duas vezes no ano suspiram por ti os que te amaram,
E uma ou outra vez suspiram se por acaso se fala em ti.

Encara-te a frio, e encara a frio o que somos...
Se queres matar-te, mata-te...
Não tenhas escrúpulos morais, receios de inteligência!...
Que escrúpulos ou receios tem a mecânica da vida?

Que escrúpulos químicos tem o impulso que gera
As seivas, e a circulação do sangue, e o amor?
Que memória dos outros tem o ritmo alegre da vida?
Ah, pobre vaidade de carne e osso chamada homem,
Não vês que não tens importância absolutamente nenhuma?

És importante para ti, porque é a ti que te sentes.
És tudo para ti, porque para ti és o universo,
E o próprio universo e os outros
Satélites da tua subjectividade objectiva.
És importante para ti porque só tu és importante para ti.
E se és assim, ó mito, não serão os outros assim?

Tens, como Hamlet, o pavor do desconhecido?
Mas o que é conhecido? O que é que tu conheces,
Para que chames desconhecido a qualquer coisa em especial?

Tens, como Falstaff, o amor gorduroso da vida?
Se assim a amas materialmente, ama-a ainda mais
materialmente:
Torna-te parte carnal da terra e das coisas!
Dispersa-te, sistema físico-químico
De células nocturnamente conscientes
Pela nocturna consciência da inconsciência dos corpos,
Pelo grande cobertor não-cobrindo-nada das aparências,
Pela relva e a erva da proliferação dos seres,
Pela névoa atómica das coisas,
Pelas paredes turbilhonantes
Do vácuo dinâmico do mundo...

Faróis distantes,
De luz subitamente tão acesa,
De noite e ausência tão ràpidamente volvida,
Na noite, no convés, que consequências aflitas!
Mágoa última dos despedidos,
Ficção de pensar...

Faróis distantes...
Incerteza da vida...
Voltou crescendo a luz acesa avançadamente,
No acaso do olhar perdido...

Faróis distantes...
A vida de nada serve...
Pensar na vida de nada serve...
Pensar de pensar na vida de nada serve...

Vamos para longe e a luz que vem grande vem menos grande.
Faróis distantes...

O florir do encontro casual
Dos que hão sempre de ficar estranhos...

O único olhar sem interesse recebido no acaso
Da estrangeira rápida...

O olhar de interesse da criança trazida pela mão
Da mãe distraída...

As palavras de episódio trocadas
Com o viajante episódico
Na episódica viagem...

Grandes mágoas de todas as coisas serem bocados...
Caminho sem fim...

Nas praças vindouras — talvez as mesmas que as nossas —
Que elixires serão apregoados?
Com rótulos diferentes, os mesmos do Egipto dos Faraós;
Com outros processos de os fazer comprar, os que já são nossos.

E as metafísicas perdidas nos cantos dos cafés de toda a parte,
As filosofias solitárias de tanta trapeira de falhado,
As ideias casuais de tanto casual, as intuições de tanto ninguém —
Um dia talvez, em fluido abstracto, e substância implausível,
Formem um Deus, e ocupem o mundo.
Mas a mim, hoje, a mim
Não há sossego de pensar nas propriedades das coisas,
Nos destinos que não desvendo,
Na minha própria metafísica, que tenho porque penso e sinto
Não há sossego,
E os grandes montes ao sol têm-no tão nitidamente!

Têm-no? Os montes ao sol não têm coisa nenhuma do espírito.
Não seriam montes, não estariam ao sol, se o tivessem.

O cansaço de pensar, indo até ao fundo de existir,
Faz-me velho desde antes de ontem com um frio até no corpo.

O que é feito dos propósitos perdidos, e dos sonhos impossíveis?
E porque é que há propósitos mortos e sonhos sem razão?

Nos dias de chuva lenta, contínua, monótona, uma,
Custa-me levantar-me da cadeira onde não dei por me ter sentado,
E o universo é absolutamente oco em torno de mim.

O tédio que chega a constituir nossos ossos encharcou-me o ser,
E a memória de qualquer coisa de que me não lembro esfria-me a alma.
Sem dúvida que as ilhas dos mares do sul têm possibilidades para o sonho,
E que os areais dos desertos todos compensam um pouco a imaginação;
Mas no meu coração sem mares nem desertos nem ilhas sinto eu,
Na minha alma vazia estou,
E narro-me prolixamente sem sentido, como se um parvo estivesse com febre.

Fúria fria do destino,
Intersecção de tudo,
Confusão das coisas com as suas causas e os seus efeitos,
Consequência de ter corpo e alma,
E o som da chuva chega até eu ser, e é escuro.

Mestre, meu mestre querido!
Coração do meu corpo intelectual e inteiro!
Vida da origem da minha inspiração!
Mestre, que é feito de ti nesta forma de vida?

Não cuidaste se morrerias, se viverias, nem de ti nem de nada.
Alma abstracta e visual até aos ossos,
Atenção maravilhosa ao mundo exterior sempre múltiplo,
Refúgio das saudades de todos os deuses antigos,
Espírito humano da terra materna,
Flor acima do dilúvio da inteligência subjectiva...

Mestre, meu mestre!
Na angústia sensacionista de todos os dias sentidos,
Na mágoa quotidiana das matemáticas de ser,
Eu, escravo de tudo como um pó de todos os ventos,
Ergo as mãos para ti, que estás longe, tão longe de mim!

Meu mestre e meu guia!
A quem nenhuma coisa feriu, nem doeu, nem perturbou,
Seguro como um sol fazendo o seu dia involuntàriamente,
Natural como um dia mostrando tudo,
Meu mestre, meu coração não aprendeu a tua serenidade.
Meu coração não aprendeu nada.
Meu coração não é nada,
Meu coração está perdido.

Mestre, só seria como tu se tivesse sido tu.
Que triste a grande hora alegre em que primeiro te ouvi!
Depois tudo é cansaço neste mundo subjectivado,
Tudo é esforço neste mundo onde se querem coisas,
Tudo é mentira neste mundo onde se pensam coisas,
Tudo é outra coisa neste mundo onde tudo se sente.
Depois, tenho sido como um mendigo deixado ao relento

Pela indiferença de toda a vila.
Depois, tenho sido como as ervas arrancadas,
Deixadas aos molhos em alinhamentos sem sentido.
Depois, tenho sido eu, sim eu, por minha desgraça,
E eu, por minha desgraça, não sou eu nem outro nem ninguém
Depois, mas porque é que ensinaste a clareza da vista,
Se não me podias ensinar a ter a alma com que a ver clara?
Porque é que me chamaste para o alto dos montes

Se eu, criança das cidades do vale, não sabia respirar?
Porque é que me deste a tua alma se eu não sabia que fazer dela
Como quem está carregado de ouro num deserto.
Ou canta com voz divina entre ruínas?
Porque é que me acordaste para a sensação e a nova alma,
Se eu não saberei sentir, se a minha alma é de sempre a minha?

Prouvera ao Deus ignoto que eu ficasse sempre aquele
Poeta decadente, estupidamente pretensioso.
Que poderia ao menos vir a agradar,
E não surgisse em mim a pavorosa ciência de ver.
Para que me tornaste eu? Deixasses-me ser humano!

Feliz o homem marçano.
Que tem a sua tarefa quotidiana normal, tão leve ainda que pesada.

Que tem a sua vida usual.
Para quem o prazer é prazer e o recreio é recreio.
Que dorme sono,
Que come comida,
Que bebe bebida, e por isso tem alegria.

A calma que tinhas, deste-ma, e foi-me inquietação.
Libertaste-me, mas o destino humano é ser escravo.
Acordaste-me, mas o sentido de ser humano é dormir.

Na noite terrível, substância natural de todas as noites,
Na noite de insónia, substância natural de todas as minhas
noites,
Relembro, velando em modorra incómoda,
Relembro o que fiz e o que podia ter feito na vida.
Relembro, e uma angústia
Espalha-se por mim todo como um frio do corpo ou
um medo.
O irreparável do meu passado — esse é que é o cadáver!
Todos os outros cadáveres pode ser que sejam ilusão.
Todos os mortos pode ser que sejam vivos noutra parte.
Todos os meus próprios momentos passados pode ser
que existam algur,
Na ilusão do espaço e do tempo.
Na falsidade do decorrer.
Mas o que eu não, fui, o que eu não fiz, o que nem sequer
sonhei;

O que só agora vejo que deveria ter feito,
O que só agora claramente vejo que deveria ter sido —
Isso é que é morto para além de todos os Deuses,
Isso — e foi afinal o melhor de mim — é que nem os
Deuses fazem viver...

Se em certa altura
Tivesse voltado para a esquerda em vez de para a direita;
Se em certo momento
Tivesse dito sim em vez de não, ou não em vez de sim:
Se em certa conversa
Tivesse tido as frases que só agora, no meio-sono, elaboro —
Se tudo isso tivesse sido assim,
Seria outro hoje, e talvez o universo inteiro
Seria insensivelmente levado a ser outro também.

Mas não virei para o lado irreparàvelmente perdido,
Não virei nem pensei em virar, e só agora o percebo;
Mas não disse não ou não disse sim, e só agora vejo o
que não disse;
Mas as frases que faltou dizer nesse momento surgem-
me todas,
Claras, inevitáveis, naturais,
A conversa fechada concludentemente,
A matéria toda resolvida...
Mas só agora o que nunca foi, nem será para trás, me dói.

O que falhei deveras não tem esperança nenhuma
Em sistema metafísico nenhum,
Pode ser que para outro mundo eu possa levar o que sonhei.
Mas poderei eu levar para outro mundo o que me esqueci
de sonhar?
Esses sim, os sonhos por haver, é que são o cadáver.
Enterro-o no meu coração para sempre, para todo o
tempo, para todos os universos.

Nesta noite em que não durmo, e o sossego me cerca
Como uma verdade de que não partilho,
E lá fora o luar, como a esperança que não tenho, é invisível
p'ra mim.

Ao volante do *Chevrolet* pela estrada de Sintra,
Ao luar e ao sonho, na estrada deserta.
Sòzinho guio, guio quase devagar, e um pouco
Me parece, ou me forço um pouco para que me pareça,
Que sigo por outra estrada, por outro sonho, por outro mundo,
Que sigo sem haver Lisboa deixada ou Sintra a que ir ter,
Que sigo, e que mais haverá em seguir senão não parar mas seguir?
Vou passar a noite a Sintra por não poder passá-la em Lisboa,
Mas, quando chegar a Sintra, terei pena de não ter ficado em Lisboa.
Sempre esta inquietação sem propósito, sem nexo, sem conseqüência,
Sempre, sempre, sempre,
Esta angústia excessiva do espírito por coisa nenhuma,
Na estrada de Sintra, ou na estrada do sonho, ou na estrada da vida...

Maleável aos meus movimentos subconscientes do volante,
Galga sob mim comigo o automóvel que me emprestaram.
Sorrio do símbolo, ao pensar nele, e ao virar à direita.
Em quantas coisas que me emprestaram eu sigo no mundo!
Quantas coisas que me emprestaram guio como minhas!
Quanto me emprestaram, ai de mim!, eu próprio sou!

À esquerda o casebre — sim, o casebre — à beira da estrada.
À direita o campo aberto, com a lua ao longe.
O automóvel, que parecia há pouco dar-me liberdade.
É agora uma coisa onde estou fechado,
Que só posso conduzir se nele estiver fechado,
Que só domino se me incluir nele. se ele me incluir a mim.

À esquerda lá para trás o casebre modesto, mais que modesto.
A vida ali deve ser feliz, só porque não é a minha.
Se alguém me viu da janela do casebre, sonhará: Aquele é que é feliz.
Talvez à criança espreitando pelos vidros da janela do andar que está em cima
Fiquei (com o automóvel emprestado) como um sonho, uma fada real.
Talvez à rapariga que olhou, ouvindo o motor, pela janela da cozinha
No pavimento térreo,

Sou qualquer coisa do príncipe de todo o coração de rapariga,
E ela me olhará de esguelha, pelos vidros, até à curva em que me perdi.
Deixarei sonhos atrás de mim, ou é o automóvel que os deixa?

Eu, guiador do automóvel emprestado, ou o automóvel emprestado que eu guio?

Na estrada de Sintra ao luar, na tristeza, ante os campos e a noite,

Guiando o *Chevrolet* emprestado desconsoladamente,
Perco-me na estrada futura, sumo-me na distância que alcanço,
E, num desejo terrível, súbito, violento, inconcebível,
Acelero...
Mas o meu coração ficou no monte de pedras, de que me desviei ao vê-lo sem vê-lo,

À porta do casebre,
O meu coração vazio,

O meu coração insatisfeito,
O meu coração mais humano do que eu, mais exacto
que a vida.

Na estrada de Sintra, perto da meia-noite, ao luar, ao volante,
Na estrada de Sintra, que cansaço da própria imaginação,
Na estrada de Sintra, cada vez mais perto de Sintra,
Na estrada de Sintra, cada vez menos perto de mim...

Ah a frescura na face de não cumprir um dever!
Faltar é positivamente estar no campo!
Que refúgio o não se poder ter confiança em nós!
Respiro melhor agora que passaram as horas dos encontros.
Faltei a todos, com uma deliberação do desleixo,
Fiquei esperando a vontade de ir para lá, que eu saberia
que não vinha.
Sou livre, contra a sociedade organizada e vestida.
Estou nu, e mergulho na água da minha imaginação.
É tarde para eu estar em qualquer dos dois pontos onde
estaria à mesma hora,
Deliberadamente à mesma hora...
Está bem, ficarei aqui sonhando versos e sorrindo em itálico.
É tão engraçada esta parte assistente da vida!
Até não consigo acender o cigarro seguinte... Se é um gesto.
Fique com os outros, que me esperam, no desencontro
que é a vida.

Nunca, por mais que viaje, por mais que conheça
O sair de um lugar, o chegar a um lugar, conhecido ou desconhecido,
Perco, ao partir, ao chegar, e na linha móbil que os une,
A sensação de arrepio, o medo do novo, a náusea —
Aquela náusea que é o sentimento que sabe que o corpo tem a alma,
Trinta dias de viagem, três dias de viagem, três horas de viagem
Sempre a opressão se infiltra no fundo do meu coração.

Chega através do dia de névoa alguma coisa do esquecimento,
Vem brandamente com a tarde a oportunidade da perda.
Adormeço sem dormir, ao relento da vida.

É inútil dizer-me que as acções têm consequências.
É inútil eu saber que as acções usam consequências.
É inútil tudo, é inútil tudo, é inútil tudo.

Através do dia de névoa não chega coisa nenhuma.

Tinha agora vontade
De ir esperar ao comboio da Europa o viajante anunciado,
De ir ao cais ver entrar o navio e ter pena de tudo.

Não vem com a tarde oportunidade nenhuma.

Grandes são os desertos, e tudo é deserto.
Não são algumas toneladas de pedras ou tijolos ao alto
Que disfarçam o solo, o tal solo que é tudo.
Grandes são os desertos e as almas desertas e grandes —
Desertas porque não passa por elas senão elas mesmas,
Grandes porque de ali se vê tudo, e tudo morreu.

Grandes são os desertos, minha alma!
Grandes são os desertos.

Não tirei bilhete para a vida,
Errei a porta do sentimento,
Não houve vontade ou ocasião que eu não perdesse.
Hoje não me resta, em vésperas de viagem,
Com a mala aberta esperando a arrumação adiada,
Sentado na cadeira em companhia com as camisas que
não cabem,
Hoje não me resta (à parte o incómodo de estar assim
sentado)

Senão saber isto:
Grandes são os desertos, e tudo é deserto.
Grande é a vida, e não vale a pena haver vida.

Arrumo melhor a mala com os olhos de pensar em arrumar
Que com arrumação das mãos factícias (e creio que digo
bem).
Acendo o cigarro para adiar a viagem,
Para adiar todas as viagens.
Para adiar o universo inteiro.

Volta amanhã, realidade!
Basta por hoje, gentes!

Adia-te, presente absoluto!
Mais vale não ser que ser assim.

Comprem chocolates à criança a quem sucedi por erro.
E tirem a tabuleta porque amanhã é infinito.

Ma tenho que arrumar a mala,
Tenho por força que arrumar a mala,
A mala.
Não posso levar as camisas na hipótese e a mala na razão.
Sim, toda a vida tenho tido que arrumar a mala.

Mas também, toda a vida, tenho ficado sentado sobre o canto das camisas empilhadas.
A ruminar, como um boi que não chegou a Ápis, destino.

Tenho que arrumar a mala de ser.
Tenho que existir a arrumar malas.
A cinza do cigarro cai sobre a camisa de cima do monte.
Olho para o lado, verifico que estou a dormir.
Sei só que tenho que arrumar a mala,
E que os desertos são grandes e tudo é deserto,
E qualquer parábola a respeito disto, mas dessa é que já me esqueci.

Ergo-me de repente todos os Césares.
Vou definitivamente arrumar a mala.
Arre, hei-de arrumá-la e fechá-la;
Hei-de vê-la levar de aqui,
Hei-de existir independentemente dela.

Grandes são os desertos e tudo é deserto,
Salvo erro, naturalmente,
Pobre da alma humana com oásis só no deserto ao lado!

Mais vale arrumar a mala.
Fim.

Cruz na porta da tabacaria!
Quem morreu? O próprio Alves? Dou
Ao diabo o bem-estar que trazia.
Desde ontem a cidade mudou.

Quem era? Ora, era quem eu via.
Todos os dias o via. Estou
Agora sem essa monotonia.
Desde ontem a cidade mudou.

Ele era o dono da tabacaria.
Um ponto de referência de quem sou
Eu passava ali de noite e de dia.
Desde ontem a cidade mudou.

Meu coração tem pouca alegria,
E isto diz que é morte aquilo onde estou.
Horror fechado da tabacaria!
Desde ontem a cidade mudou.

Mas ao menos a ele alguém o via,
Ele era fixo, eu, o que vou,
Se morrer, não falto, e ninguém diria.
Desde ontem a cidade mudou.

Tenho uma grande constipação,
E toda a gente sabe como as grandes constipações
Alteram todo o sistema do universo,
Zangam-nos contra a vida,
E fazem espirrar até à metafísica.
Tenho o dia perdido cheio de me assoar.
Dói-me a cabeça indistintamente.
Triste condição para um poeta menor!
Hoje sou verdadeiramente um poeta menor.
O que fui outrora foi um desejo; partiu-se.

Adeus para sempre, rainha das fadas!
As tuas asas eram de sol, e eu cá vou andando.
Não estarei bem se não me deitar na cama.
Nunca estive bem senão deitando-me no universo.

*Excusez un peu...* Que grande constipação física!
Preciso de verdade e da aspirina.

Sim, sou eu, eu mesmo, tal qual resultei de tudo,
Espécie de acessório ou sobresselente próprio,
Arredores irregulares da minha emoção sincera,
Sou eu aqui em mim, sou eu.

Quanto fui, quanto não fui, tudo isso sou.
Quanto quis, quanto não quis, tudo isso me forma.
Quanto amei ou deixei de amar é a mesma saudade em mim.

E ao mesmo tempo, a impressão, um pouco inconsequente,
Como de um sonho formado sobre realidades mistas,
De me ter deixado, a mim, num banco de carro eléctrico,
Para ser encontrado pelo acaso de quem se lhe ir sentar
em cima.

E, ao mesmo tempo, a impressão, um pouco longínqua,
Como de um sonho que se quer lembrar na penumbra a
que se acorda,
De haver melhor em mim do que eu.

Sim, ao mesmo tempo, a impressão, um pouco dolorosa,
Como de um acordar sem sonhos para um dia de muitos
credores,
De haver falhado tudo como tropeçar no capacho,
De haver embrulhado tudo como a mala sem as escovas,
De haver substituído qualquer coisa a mim algures na vida.

Baste! É a impressão um tanto ou quanto matafísica,
Como o sol pela última vez sobre a janela da casa a aban-
donar,
De que mais vale ser criança que querer compreender o
mundo —

A impressão de pão com manteiga e brinquedos,
De um grande sossego sem Jardins de Prosérpina,
De uma boa vontade para com a vida encostada de testa
à janela,
Num ver chover com som lá fora
E não as lágrimas mortas de custar a engolir.

Baste, sim baste! Sou eu mesmo, o trocado,
O emissário sem carta nem credenciais,
O palhaço sem riso, o bobo com o grande fato de outro.
A quem tinem as campainhas da cabeça
Como chocalhos pequenos de uma servidão em cima.

Sou eu mesmo, a charada sincopada
Que ninguém da roda decifra nos serões de província.

Sou eu mesmo, que remédio...

E o esplendor dos mapas, caminho abstracto para a imaginação concreta,
Letras e riscos irregulares abrindo para a maravilha.

O que de sonho jaz nas encadernações vetustas,
Nas assinaturas complicadas (ou tão simples e esguias) dos velhos livros.
(Tinta remota e desbotada aqui presente para além da morte,
O que de negado à nossa vida quotidiana vem nas ilustrações,
O que certas gravuras de anúncios sem querer anunciam.

Tudo quanto sugere, ou exprime o que não exprime.
Tudo o que diz o que não diz,
E a alma sonha, diferente e distraída.

Ó enigma visível do tempo, o nada vivo em que estamos!)

Lisboa com suas casas
De várias cores,
Lisboa com suas casas
De várias cores,
Lisboa com suas casas
De várias cores...
À força de diferente, isto é monótono.
Como à força de sentir, fico só a pensar.

Se, de noite, deitado mas desperto,
Na lucidez inútil de não poder dormir,
Quero imaginar qualquer coisa
E surge sempre outra (porque há sono,
E, porque há sono, uma bocado de sonho),
Quero alongar a vista com que imagino
Por grandes palmares fantásticos.

Mas não vejo mais,
Contra uma espécie de lado de dentro de pálpebras,
Que Lisboa com suas casas
De várias cores.

Sorrio, porque, aqui, deitado, é outra coisa.
À força de monótono, é diferente.
E, à força de ser eu, durmo e esqueço que existo.

Fica só, sem mim, que esqueci porque durmo,
Lisboa com suas casas
De várias cores.

Esta velha angústia,
Esta angústia que trago há séculos em mim,
Transbordou da vasilha,
Em lágrimas, em grandes imaginações,
Em sonhos em estilo de pesadelo sem terror,
Em grandes emoções súbitas sem sentido nenhum.

Transbordou.
Mal sei como conduzir-me na vida
Com este mal-estar a fazer-me pregas na alma!
Se ao menos endoidecesse deveras!
Mas não: é este estar entre,
Este quase,
Este poder ser que...,
Isto.

Um internado num manicómio é, ao menos, alguém,
Eu sou um internado num manicómio sem manicómio.
Estou doido a frio,
Estou lúcido e louco,
Estou alheio a tudo e igual a todos:
Estou dormindo desperto com sonhos que são loucura
Porque não são sonhos
Estou assim...

Pobre velha casa da minha infância perdida!
Quem te diria que eu me desacolhesse tanto!
Que é do teu menino? Está maluco.
Que é de quem dormia sossegado sob o teu tecto provinciano?
Está maluco.
Quem de quem fui? Está maluco. Hoje é quem eu sou.

Se ao menos eu tivesse uma religião qualquer!
Por exemplo, por aquele manipanso
Que havia em casa, lá nessa, trazido de África.
Era feiíssimo, era grotesco,
Mas havia nele a divindade de tudo em que se crê.
Se eu pudesse crer num manipanso qualquer —
Júpiter, Jeová, a Humanidade —
Qualquer serviria,
Pois o que é tudo senão o que pensamos de tudo?

Estala, coração de vidro pintado!

Na casa defronte de mim e dos meus sonhos,
Que felicidade há sempre!

Moram ali pessoas que desconheço, que já vi mas não vi.
São felizes, porque não são eu.

As crianças, que brincam às sacadas altas,
Vivem entre vasos de flores,
Sem dúvida, eternamente.

As vozes, que sobem do interior do doméstico,
Cantam sempre, sem dúvida.
Sim, devem cantar.

Quando há festa cá fora, há festa lá dentro.
Assim tem que ser onde tudo se ajusta —
O homem à Natureza, porque a cidade é Natureza.

Que grande felicidade não ser eu!

Mas os outros não sentirão assim também?
Quais outros? Não há outros.
O que os outros sentem é uma casa com a janela fechada,
Ou, quando se abre,
É para as crianças brincarem na varanda de grades,
Entre os vasos de flores que nunca vi quais eram.

Os outros nunca sentem.
Quem sente somos nós,
Sim, todos nós,
Até eu, que neste momento já não estou sentindo nada

Nada? Não sei...
Um nada que dói.

Domingo irei para as hortas na pessoa dos outros,
Contente da minha anonimidade.
Domingo serei feliz — eles, eles...
Domingo...
Hoje é quinta-feira da semana que não tem domingo...
Nenhum domingo. —
Nunca domingo. —
Mas sempre haverá alguém nas hortas no domingo que vem.
Assim passa a vida,
Subtil para quem sente,
Mais ou menos para quem pensa:
Haverá sempre alguém nas hortas ao domingo,
Não no nosso domingo,
Não no meu domingo,
Não no domingo...
Mas sempre haverá outros nas hortas e ao domingo!

Começa a haver meia-noite, e a haver sossego,
Por toda a parte das coisas sobrepostas,
Os andares vários da acumulação da vida...
Calaram o piano no terceiro-andar...
Não oiço já passos no segundo-andar...
No rés-do-chão o rádio está em silêncio...

Vai tudo dormir...

Fico sozinho com o universo inteiro.
Não quero ir à janela:
Se eu olhar, que de estrelas!
Que grandes silêncios maiores há no alto!
Que céu anticitadino! —

Antes, recluso,
Num desejo de não ser recluso,
Escuto ansiosamente os ruídos da rua...
Um automóvel! — demasiado rápido! —
Os duplos passos em conversa falam-me
O som de um portão que se fecha brusco dói-me...

tudo domir...

Só eu velo, sonolentamente escutando,
Esperando
Qualquer coisa antes que durma...
Qualquer coisa....

Depus a máscara e vi-me ao espelho. —
Era a criança de há quantos anos.
Não tinha mudado nada...
É essa a vantagem, de saber tirar a máscara.
É-se sempre a criança,
O passado que foi
A criança.
Depus a máscara, e tornei-a a pô-la.
Assim é melhor,
Assim sem a máscara.
E volto à personalidade como a um términus de linha.

Na véspera de não partir nunca
Ao menos não há que arrumar malas
Nem que fazer planos em papel
Com acompanhamento involuntário de esquecimentos,
Para o partir ainda livre do dia seguinte.
Não há que fazer nada
Na véspera de não partir nunca.
Grande sossego de já não haver sequer de que ter sossego!
Grande tranquilidade a que nem sabe encolher ombros
Por isto tudo, ter pensado o tudo
É o ter chegado deliberadamente a nada.
Grande alegria de não ter precisão de ser alegre,
Como uma oportunidade virada do avesso.
Há quantas vezes vivo
A vida vegetativa do pensamento!

Todos os dias *sine linea*
Sossego, sim, sossego...
Grande tranquilidade...
Que repouso, depois de tantas viagens, físicas e psíquicas!
Que prazer olhar para as malas fitando como para nada!
Dormita, alma, dormita!
Aproveita, dormita!
Dormita!
É pouco o tempo que tens! Dormita!
É a véspera de não partir nunca!

O que há em mim é sobretudo cansaço —
Não disto nem daquilo,
Nem sequer de tudo ou de nada:
Cansaço assim mesmo, ele mesmo,
Cansaço.

A subtileza das sensações inúteis,
As paixões violentas por coisa nenhuma,
Os amores intensos por o suposto em alguém.
Essas coisas todas —
Essas e o que falta nelas eternamente —;
Tudo isso faz um cansaço.
Este cansaço,
Cansaço.

Há sem dúvida quem ame o infinito,
Há sem dúvida quem deseje o impossível,
Há sem dúvida quem não queira nada —
Três tipos de idealistas, e eu nenhum deles:
Porque eu amo infinitamente o finito,
Porque eu desejo impossivelmente o possível,
Porque quero tudo, ou um pouco mais, se puder ser,
Ou até se não puder ser...

E o resultado?
Para eles a vida vivida ou sonhada,
Para eles o sonho sonhado ou vivido,
Para eles a média entre tudo e nada, isto é, isto...
Para mim só um grande, um profundo,
E, ah com que felicidade infecundo, cansaço,
Um supremíssimo cansaço,
Íssimo, íssimo, íssimo,
Cansaço...

Às vezes tenho ideias, felizes,
Ideias subitamente felizes, em ideias
E nas palavras em que naturalmente se despegam...

Depois de escrever, leio...
Porque escrevi isto?
Onde fui buscar isto?
De onde me veio isto? Isto é melhor do que eu...
Seremos nós neste mundo apenas canetas com tinta
Com que alguém escreve a valer o que nós aqui traçamos?..

Símbolos? Estou farto de símbolos...
Mas dizem-me que tudo é símbolo.
Todos me dizem nada.
Quais símbolos? Sonhos. —
Que o sol seja um símbolo, está bem...
Que a lua seja um símbolo, está bem...
Que a terra seja um símbolo, está bem...
Mas quem repara no sol senão quando a chuva cessa,
E ele rompe as nuvens e aponta para trás das costas
Para o azul do céu?
Mas quem repara na lua senão para achar
Bela a luz que ela espalha, e não bem ela?
Mas quem repara na terra, que é o que pisa?
Chama terra aos campos, às árvores, aos montes.
Por uma diminuição instintiva,
Porque o mar também é terra...

Bem, vá, que tudo isso seja símbolo...
Mas que símbolo é, não o sol, não a lua, não a terra,
Mas neste poente precoce e azulando-se
O sol entre farrapos finos de nuvens,
Enquanto a lua é já vista, mística, no outro lado,
E o que fica da luz do dia
Doura a cabeça da costureira que pára vagamente à esquina
Onde demorava outrora com o namorado que a deixou?
Símbolos? Não quero símbolos...
Queria — pobre figura de miséria e desamparo! —
Que o namorado voltasse para a costureira.

Ali não havia electricidade.
Por isso foi à luz de uma vela mortiça
Que li, inserto na cama,
O que estava à mão para ler —
A Bíblia, em português (coisa curiosa!), feita para protestantes
E reli a «Primeira Epístola aos Coríntios».
Em torno de mim o sossego excessivo de noite de província
Fazia um grande barulho ao contrário,
Dava-me uma tendência do choro para a desolação.
A «Primeira Epístola aos Coríntios»...
Relia-a à luz de uma vela subitamente antiquíssima,
E um grande mar de emoção ouvia-se dentro de mim...

Sou nada...
Sou uma ficção...
Que ando eu a querer de mim ou de tudo neste mundo?
«Se eu não tivesse a caridade».
E a soberana luz manda, e do alto dos séculos,
A grande mensagem com que a alma é livre...
«Se eu não tivesse a caridade»...
Meu Deus, e eu que não tenho a caridade!...

Não: devagar.
Devagar, porque não sei
Onde quero ir.
Há entre mim e os meus passos
Uma divergência instintiva.
Há entre quem sou e estou
Uma diferença de verbo
Que corresponde à realidade.

Devagar...
Sim, devagar...
Quero pensar no que quer dizer
Este devagar...

Talvez o mundo exterior tenha pressa demais.
Talvez a alma vulgar queira chegar mais cedo.
Talvez a impressão dos momentos seja muito próxima...

Talvez isso tudo...
Mas o que me preocupa é esta palavra devagar...
O que é que tem que ser devagar?
Se calhar é o universo...
A verdade manda Deus que se diga.
Mas ouviu alguém isso a Deus?

Os antigos invocavam as Musas.
Nós invocamo-nos a nós mesmos.
Não sei se as Musas apareciam —
Seria sem dúvida conforme o invocado e a invocação. —
Mas sei que nós não aparecemos.
Quantas vezes me tenho debruçado
Sobre o poço que me suponho
E balido «Ah!» para ouvir um eco,
E não tenho ouvido mais que o visto
O vago alvor escuro com que a água resplandece
Lá na inutilidade do fundo...
Nenhum eco para mim... Só vagamente uma cara,
Que deve ser a minha, por não poder ser de outro.

É uma coisa quase invisível,
Excepto como luminosamente vejo
Lá no fundo...
No silêncio e na luz falsa do fundo...

Que Musa!..............

Há mais de meia hora
Que estou sentado à secretária
Com o único intuito
De olhar para ela.
(Estes versos estão fora do meu ritmo.
Eu também estou fora do meu ritmo).
Tinteiro grande à frente.
Canetas com aparos novos à frente.
Mais para cá papel muito limpo.
Ao lado esquerdo um volume da «Enciclopédia Britânica».
Ao lado direito —
Ah, ao lado direito!
A faca de papel com que ontem
Não tive paciência para abrir completamente
O livro que me interessava e não lerei.

Quem pudesse sintonizar tudo isto!

Eu, eu mesmo...
Eu, cheio de todos os cansaços
Quantos o mundo pode dar. —
Eu...
Afinal tudo, porque tudo é eu,
E até as estrelas, ao que parece,
Me saíram da algibeira para deslumbrar crianças...
Que crianças não sei...
Eu...
Imperfeito? Incógnito? Divino?
Não sei...
Eu...
Tive um passado? Sem dúvida...
Tenho um presente? Sem dúvida...
Terei um futuro? Sem dúvida...

A vida que pare de aqui a pouco...
Mas eu, eu...
Eu sou eu,
Eu fico eu,
Eu...

Estou cansado, é claro,
Porque, a certa altura, a gente tem que estar cansado.
De que estou cansado, não sei:
De nada me serviria sabê-lo,
Pois o cansaço fica na mesma.
A ferida dói como dói
E não em função da causa que a produziu.
Sim, estou cansado,
E um pouco sorridente
De o cansaço ser só isto —
Uma vontade de sono no corpo,
Um desejo de não pensar na alma,
E por cima de tudo uma transparência lúcida
Do entendimento retrospectivo...
E a luxúria única de não ter já esperanças?
Sou inteligente: eis tudo.
Tenho visto muito e entendido muito o que tenho visto,
E há um certo prazer até no cansaço que isto nos dá,
Que afinal a cabeça sempre serve para qualquer coisa.

Não estou pensando em nada
E essa coisa central, que é coisa nenhuma,
É-me agradável como o ar da noite,
Fresco em contraste com o Verão quente do dia,

Não estou pensando em nada, e que bom!

Pensar em nada
É ter a alma própria e inteira.
Pensar em nada
É viver intimamente
O fluxo e o refluxo da vida...
Não estou pensando em nada.
É como se me tivesse encostado mal.
Uma dor nas costas, ou num lado das costas.

Há um amargo de boca na minha alma:
É que, no fim de contas,
Não estou pensando em nada.
Mas realmente em nada.
Em nada...

O sono que desce sobre mim,
O sono mental que desce fisicamente sobre mim,
O sono universal que desce individualmente sobre mim —
Esse sono
Parecerá aos outros o sono de dormir,
O sono da vontade de dormir,
O sono de ser sono.

Mas é mais, mais de dentro, mais de cima:
É o sono da soma de todas as desilusões,
É o sono da síntese de todas as desesperanças,
É o sono de haver mundo comigo lá dentro
Sem que eu houvesse contribuído em nada para isso.

O sono que desce sobre mim
É contudo como todos os sonos.
O cansaço tem ao menos brandura,
O abatimento tem ao menos sossego,
A rendição é ao menos o fim do esforço,
O fim é.. ao menos o já não haver que esperar.

Há um som de abrir uma janela,
Viro indiferente a cabeça para a esquerda
Por sobre o ombro que a sente,
Olho pela janela entreaberta:
A rapariga do segundo-andar de defronte
Debruça-se com os olhos azuis à procura de alguém.
De quem?,
Pergunta a minha indiferença.
E tudo isso é sono.

Meu Deus, tanto sono!...

Todas as cartas de amor são
Ridículas.
Não seriam cartas de amor se não fossem
Ridículas.

Também escrevi em meu tempo cartas de amor,
Como as outras,
Ridículas.

As cartas de amor, se há amor,
Têm de ser
Ridículas.

Mas, afinal,
Só as criaturas que nunca escreveram
Cartas de amor
É que são
Ridículas.

Quem me dera no tempo em que escrevia
Sem dar por isso
Cartas de amor
Ridículas.

A verdade é que hoje
As minhas memórias
Dessas cartas de amor
É que são
Ridículas.

(Todas as palavras esdrúxulas,
Como os sentimentos esdrúxulos.
São naturalmente
Ridículas).

Quero acabar entre rosas, porque as amei na infância.
Os crisântemos de depois, desfolhei-os a frio.
Falem pouco, devagar.
Que eu não oiça, sobretudo com o pensamento.
O que quis? Tenho as mãos vazias,
Crispadas flèbilmente sobre a colcha longínqua.
O que pensei? Tenho a boca seca, abstracta.
O que vivi? Era tão bom dormir!

O frio especial das manhãs de viagem,
A angústia da partida, carnal no arrepanhar
Que vai do coração à pele,
Que chora virtualmente embora alegre.

No fim de tudo dormir.
No fim de quê?
No fim do que tudo parece ser...,
Este pequeno universo provinciano entre os astros.
Esta aldeola do espaço,
E não só do espaço visível, mas até do espaço total.

Gostava de gostar de gostar.
Um momento... Dá-me de ali um cigarro,
Do maço em cima da mesa de cabeceira.
Continua... Dizias
Que no desenvolvimento da metafísica
De Kant a Hegel
Alguma coisa se perdeu.
Concordo em absoluto.
Estive realmente a ouvir.
*Nondum amabam et amara amabam* (Santo Agostinho).
Que coisa curiosa estas associações de ideias!
Estou fatigado de estar pensando em sentir outra coisa.
Obrigado. Deixa-me acender. Continua. Hegel...

Encostei-me para trás na cadeira de convés e fechei os olhos,

E o meu destino apareceu-me na alma como um precipício.
A minha vida passada misturou-se-me com a futura,
E houve no meio um ruído do salão de fumo,
Onde, aos meus ouvidos, acabara a partida de xadrez.

Ah, balouçado
Na sensação das ondas,
Ah, embalado
Na ideia tão confortável de hoje ainda não ser amanhã,
De pelo menos neste momento não ter responsabilidades nenhumas,
De não ter personalidade propriamente, mas sentir-me ali,
Em cima da cadeira como um livro que a sueca ali deixasse.

Ah, afundado
Num torpor da imaginação, sem dúvida um pouco sono,
Irrequieto tão sossegadamente,
Tão análogo de repente à criança que fui outrora
Quando brincava na quinta e não sabia álgebra,
Nem as outras álgebras com x e y's de sentimento.

Ah, todo eu anseio
Por esse momento sem importância nenhuma
Na minha vida,
Ah, todo eu anseio por esse momento, como por outros análogos
Aqueles momentos em que não tive importância nenhuma,
Aqueles em que compreendi todo o vácuo da existência
sem inteligência para o compreender
E havia luar e mar e a solidão, ó Alvaro.

O tumulto concentrado da minha imaginação intelectual
Fazer filhos à razão prática, como os crentes enérgicos...

Minha juventude perpétua
De viver as coisas pelo lado das sensações e não das responsabilidades.

(Álvaro de Campos, nascido no Algarve, educado por um tio-avô, padre, que lhe instilou um certo amor às coisas clássicas). (Veio para Lisboa muito novo...)

A capacidade de pensar o que sinto que me distingue do homem vulgar
Mais do que ele se distingue do macaco.
(Sim, amanhã o homem vulgar talvez me leia e compreenda a substância do meu ser.

Sim, admito-o,
Mas o macaco já hoje sabe ler o homem vulgar e lhe compreende a substância do ser).

Se alguma coisa foi porque é que não é?
Ser não é ser?

As flores do campo da minha infância, não as terei eternamente,
Em outra maneira de ser?
Perderei para sempre os afectos que tive, e até os afectos que pensei ter?
Há algum que tenha a chave da porta do ser, que não tem porta,
E me possa abrir com razões a inteligência do mundo?

Ah, perante esta única realidade, que é o mistério,
Perante esta única realidade terrível — a de haver uma realidade.
Perante este horrível ser que é haver ser,
Perante este abismo de existir um abismo,
Este abismo de a existência de tudo ser um abismo.
Ser um abismo por simplesmente ser,
Por poder ser,
Por haver ser!
— Perante isto tudo como tudo o que os homens fazem,
Tudo o que os homens dizem,
Tudo quanto construem, desfazem ou se construi ou desfaz através deles,
Se empequena!
Não, não se empequena... se transforma em outra coisa —
Numa só coisa tremenda e negra e impossível,
Uma coisa que está para além dos deuses, de Deus, do Destino —
Aquilo que faz que haja deuses e Deus e Destino.
Aquilo que faz que haja ser para que possa haver seres,
Aquilo que subsiste através de todas as formas
De todas as vidas, abstractas ou concretas,
Eternas ou contingentes,
Verdadeiras ou falsas!
Aquilo que, quando se abrangeu tudo, ainda ficou fora,
Porque quando se abrangeu tudo não se abrangeu explicar por que é um tudo,
Porque há qualquer coisa, porque há qualquer coisa, porque há qualquer coisa!

Minha inteligência tornou-se um coração cheio de pavor,
E é com minhas ideias que tremo, com a minha consciência de mim,
Com a substância essencial do meu ser abstracto
Que sufoco de incompreensível,
Que me esmago de ultratranscendente,
E deste medo, desta angústia, deste perigo do ultra-ser,
Não se pode fugir, não se pode fugir, não se pode fugir!

Cárcere do Ser, não há libertação de ti?
Cárcere de pensar, não há libertação de ti?

Ah, não, nenhuma — nem morte, nem vida, nem Deus!
Nós, irmãos gémeos do Destino em ambos existirmos,
Nós, irmãos gémeos dos Deuses todos, de toda a espécie.
Em sermos o mesmo abismo, em sermos a mesma sombra.
Sombra sejamos, ou sejamos luz, sempre a mesma noite.
Ah, se afronto confiado a vida, a incerteza da sorte,
Sorridente, impensando, a possibilidade quotidiana de todos os males,
Inconsciente o mistério de todas as coisas e de todos os gestos,
Porque não afrontarei sorridente, inconsciente, a Morte?
Ignoro-a? Mas que é que eu não ignoro?
A pena em que pego, a letra que escrevo, o papel em que escrevo,
São mistérios menores que a Morte? Como se tudo é o mesmo mistério?
E eu escrevo, estou escrevendo, por uma necessidade sem nada.
Ah, afronte eu como um bicho a morte que ele não sabe que existe!
Tenho eu a inconsciência profunda de todas as coisas naturais,
Pois, por mais consciência que tenha, tudo é inconsciência,

Salvo o ter criado tudo, e o ter criado tudo ainda é incons-
ciência,
Porque é preciso existir para se criar tudo,
E existir é ser inconsciente, porque existir é ser possível
haver ser,
E ser possível haver ser é maior que todos os Deuses.

Contudo, contudo,
Também houve gládios e flâmulas de cores
Na Primavera do que sonhei de mim.
Também a esperança
Orvalhou os campos da minha visão involuntária,
Também tive quem também me sorrisse.

Hoje estou como se esse tivesse sido outro.
Quem fui não me lembra senão como uma história apensa.
Quem serei não me interessa, como o futuro do mundo.

Caí pela escada abaixo subitamente,
E até o som de cair era a gargalhada da queda.
Cada degrau era a testemunha importuna e dura
Do ridículo que fiz de mim.

Pobre do que perdeu o lugar oferecido por não ter casaco limpo com que aparecesse,
Mas pobre também do que, sendo rico e nobre,
Perdeu o lugar do amor por não ter casaco bom dentro do desejo.
Sou imparcial como a neve.
Nunca preferi o pobre ao rico,
Como, em mim, nunca preferi nada a nada.

Vi sempre o mundo independentemente de mim.
Por trás disso estavam as minhas sensações vivíssimas,
Mas isso era outro mundo.
Contudo a minha mágoa nunca me fez ver negro o que era cor de laranja.
Acima de tudo o mundo externo!
Eu que me aguente comigo e com os comigos de mim.

Acordar da cidade de Lisboa, mais tarde do que as outras,
Acordar da rua do Ouro,
Acordar do Rossio, às portas dos cafés,
Acordar
E no meio de tudo a gare, que nunca dorme,
Como um coração que tem que pulsar através da vigília
e do sono.

Toda a manhã que raia, raia sempre no mesmo lugar,
Não há manhãs sobre cidades, ou manhãs sobre o campo.
À hora em que o dia raia, em que a luz estremece a erguer-se
Todos os lugares são o mesmo lugar, todas as terras são a
mesma,
E é eterna e de todos os lugares a frescura que sobe por tudo

Uma espiritualidade feita com a nossa própria carne,
Um alívio de viver de que o nosso corpo partilha,
Um entusiasmo por o dia que vai vir, uma alegria por o
que pode acontecer de bom.

São os sentimentos que nascem de estar olhando para a
madrugada,
Seja ela a leve senhora dos cumes dos montes,
Seja ela a invasora lenta das ruas das cidades que vão
leste-oeste,
Seja.

A mulher que chora baixinho
Entre o ruído da multidão em vivas...
O vendedor de ruas, que tem um pregão esquisito,
Cheio de individualidade para quem repara...
O arcanjo isolado, escultura numa catedral,

Siringe fugindo aos braços estendidos de Pã,
Tudo isto tende para o mesmo centro,
Busca encontrar-se e fundir-se
Na minha alma.

Eu adoro todas as coisas
E o meu coração é um albergue aberto toda a noite.
Tenho pela vida um interesse ávido
Que busca compreendê-la sentindo-a muito.
Amo tudo, animo tudo, empresto humanidade a tudo,
Aos homens e às pedras, às almas e às máquinas,
Para aumentar com isso a minha personalidade.

Pertenço a tudo para pertencer cada vez mais a mim próprio
E a minha ambição era trazer o universo ao colo
Como uma criança a quem a ama beija.

Eu amo todas as coisas, umas mais do que as outras,
Não nenhuma mais do que outra, mas sempre mais as que
estou vendo
Do que as que vi ou verei.
Nada para mim é tão belo como o movimento e as sensações.
A vida é uma grande feira e tudo são barracas e saltimbancos.
Penso nisto, enterneço-me mas não sossego nunca.

Dá-me lírios, lírios,
E rosas também.
Dá-me rosas, rosas,
E lírios também,
Crisântemos, dálias,
Violetas, e os girassóis
Acima de todas as flores...

Deita-me às mancheias,
Por cima da alma,
Dá-me rosas, rosas,
E lírios também...

Meu coração chora
Na sombra dos parques,
Não tem quem o console
Verdadeiramente,

Excepto a própria sombra dos parques
Entrando-me na alma,
Através do pranto.
Dá-me rosas, rosas,
E lírios também...

Minha dor é velha
Como um frasco de essência cheio de pó.

Minha dor é inútil
Como uma gaiola numa terra onde não há aves,
E minha dor é silenciosa e triste
Como a parte da praia onde o mar não chega.
Chego às janelas
Dos palácios arruinados
E cismo de dentro para fora
Para me consolar do presente.
Dá-me rosas, rosas,
E lírios também...

Mas por mais rosas e lírios que me dês,
Eu nunca acharei que a vida é bastante.
Faltar-me-á sempre qualquer coisa,
Sobrar-me-á sempre de que desejar,
Como um palco deserto.

Por isso, não te importes com o que penso,
E muito embora o que eu te peça
Te pareça que não quer dizer nada,
Minha pobre criança tísica,
Dá-me das tuas rosas e dos teus lírios,
Dá-me rosas, rosas,
E lírios também...

Afinal, a melhor maneira de viajar é sentir.
Sentir tudo de todas as maneiras.
Sentir tudo excessivamente,
Porque todas as coisas são, em verdade, excessivas
E toda a realidade é um excesso, uma violência.
Uma alucinação extraordinàriamente nítida
Que vivemos todos em comum com a fúria das almas,
O centro para onde tendem as estranhas forças centrífugas
Que são as psiques humanas no seu acordo de sentidos.

Quanto mais eu sinta, quanto mais eu sinta como várias pessoas.
Quanto mais personalidade eu tiver,
Quanto mais intensamente, estridentemente as tiver,
Quanto mais simultâneamente sentir com todas elas,
Quanto mais unificadamente diverso, dispersadamente atento.
Estiver, sentir, viver, for,
Mais possuirei a existência total do universo,
Mais completo serei pelo espaço inteiro fora.

Mais análogo serei a Deus, seja ele quem for,
Porque, seja ele quem for, com certeza que é Tudo,
E fora d'Ele há só Ele, e Tudo para Ele é pouco.

Cada alma é uma escada para Deus,
Cada alma é um corredor-Universo para Deus,
Cada alma é um rio correndo por margens de Externo
Para Deus e em Deus com um sussurro soturno.

Sursum corda! Erguei as almas! Toda a Matéria é Espírito,
Porque Matéria e Espírito são apenas nomes confusos

Dados à grande sombra que ensopa o Exterior em sonho
E funde em Noite e Mistério o Universo Excessivo!
Sursum corda! Na noite acordo, o silêncio é grande,
As coisas, de braços cruzados sobre o peito, reparam

Com uma tristeza nobre para os meus olhos abertos
Que as vê como vagos vultos nocturnos na noite negra.
Sursum corda! Acordo na noite e sinto-me diverso.
Todo o Mundo com a sua forma visível do costume
Jaz no fundo dum poço e faz um ruído confuso,

Escuto-o, e no meu coração um grande pasmo soluça.

Sursum corda! Ó Terra, jardim suspenso, berço
Que embala a Alma dispersa da humanidade sucessiva!
Mãe verde e florida todos os anos recente,
Todos os anos vernal, estival, outonal, hiemal,
Todos os anos celebrando às mancheias as festas de Adónis

Num rito anterior a todas as significações,
Num grande culto em tumulto pelas montanhas e os vales!
Grande coração pulsando no peito nu dos vulcões,
Grande voz acordando em cataratas e mares,
Grande bacante ébria do Movimento e da Mudança,
Em cio de vegetação e florescência rompendo
Teu próprio corpo de terra e rochas, teu corpo submisso
À tua própria vontade transtornadora e eterna!
Mãe carinhosa e unânime dos ventos, dos mares, dos prados,
Vertiginosa mãe dos vendavais e ciclones,
Mãe caprichosa que faz vegetar e secar,
Que perturba as próprias estações e confunde
Num beijo imaterial os sóis e as chuvas e os ventos!

Sursum corda! Reparo para ti e todo eu sou um hino!
Tudo em mim como um satélite da tua dinâmica íntima
Volteia serpenteando, ficando como um anel

Nevoento, de sensações reminescidas e vagas,
Em torno ao teu vulto interno, túrgido e fervoroso.

Ocupa de toda a tua força e de todo o teu poder
Meu coração a ti aberto!
Como uma espada traspassando
Intersecciona com meu sangue, com a minha pele e os meus nervos,
Teu movimento contínuo, contíguo a ti própria sempre.

Sou um monte confuso de forças cheias de infinito
Tendendo em todas as direcções para todos os lados do espaço,
A Vida, essa coisa enorme, é que prende tudo e tudo une
E faz com que todas as forças que raivam dentro de mim
Não passem de mim, não quebrem meu ser, não partam meu corpo,
Não me arremessem, como uma bomba de Espírito que estoira
Em sangue e carne e alma espiritualizados para entre as estrelas,
Para além dos sóis de outros sistemas e dos astros remotos.

Tudo o que há dentro de mim tende a voltar a ser tudo.
Tudo que há dentro de mim tende a despejar-me no chão,
No vasto chão supremo que não está em cima nem em baixo
Mas sob as estrelas e os sóis, sob as almas e os corpos
Por uma oblíqua posse dos nossos sentidos intelectuais.

Sou uma chama ascendendo, mas ascendo para baixo e para cima,
Ascendo para todos os lados ao mesmo tempo, sou um globo
De chamas explosivas buscando Deus e queimando
A crosta dos meus sentidos, o muro da minha lógica,
A minha inteligência limitadora e gelada.

Sou uma grande máquina movida por grandes correias
De que só vejo a parte que pega nos meus tambores,
O resto vai para além dos astros, passa para além dos sóis,
E nunca parece chegar ao tambor donde parte...

Meu corpo é um centro dum volante estupendo e infinito
Em marcha sempre vertiginosa em torno de si,
Cruzando-se em todas as direcções com outros volantes,
Que se entrepenetram e misturam, porque isto não é no espaço
Mas não sei onde espacial de uma outra maneira-Deus.

Dentro de mim estão presos e atados ao chão
Todos os movimentos que compõem o universo,
A fúria minuciosa e dos átomos,
A fúria de todas as chamas, a raiva de todos os ventos.
A espuma furiosa de todos os rios, que se precipitam.

A chuva como pedras atiradas de catapultas
De enormes exércitos de anões escondidos no céu.

Sou um formidável dinamismo obrigado ao equilíbrio
De estar dentro do meu corpo, de não transbordar da minh'alma.
Ruge, estoira, vence, quebra, estrondeia, sacode,
Freme, treme, espuma, venta, viola, explode,

Perde-te, transcende-te, circunda-te, vive-te, rompe e foge,
Sê com todo o meu corpo todo o universo e a vida,
Arde com todo o meu ser todos os lumes e luzes,
Risca com toda a minha alma todos os relâmpagos e fogos,
Sobrevive-me em minha vida em todas as direcções!

O binómio de Newton é tão belo como a Vénus de Milo.
O que há é pouca gente para dar por isso.

Óóóó—óóóóóóóóó—óóóóóóóóóóóóóóó

(O vento lá fora).

Não, não é cansaço...
É uma quantidade de desilusão
Que se me entranha na espécie de pensar,
É um domingo às avessas
Do sentimento,
Um feriado passado no abismo...

Não, cansaço não é...
É eu estar existindo
E também o mundo,
Com tudo aquilo que contém,
Com tudo aquilo que nele se desdobra
E afinal é a mesma coisa variada em cópias iguais.

Não. Cansaço porquê?
É uma sensação abstracta
Da vida concreta —
Qualquer coisa como um grito
Por dar,
Qualquer coisa como uma angústia
Por sofrer,
Ou por sofrer completamente,
Ou por sofrer como...
Sim, ou por sofrer como...
Isso mesmo, como...

Como quê?...
Se soubesse, não haveria em mim este falso cansaço.

(Ai, cegos que cantam na rua,
Que formidável realejo
Que é a guitarra de um, e a viola do outro, e a voz dela!)

Porque oiço, vejo.
Confesso: é cansaço!...

Mas eu, em cuja alma se reflectem
As forças todas do universo,
Eu cuja reflexão emotiva e sacudida
Minuto a minuto, emoção a emoção,
Coisas antagónicas e absurdas se sucedem —
Eu o foco inútil de todas as realidades,
Eu o fantasma nascido de todas as sensações,
Eu o abstracto, eu o projectado no *écran*,
Eu a mulher legítima e triste do Conjunto,
Eu sofro ser eu através disto tudo como ter sede sem ser
de água.

O descalabro a ócio e estrelas...
Nada mais...
Farto...
Arre...
Todo o mistério do mundo entrou para a minha vida
económica.
Basta!...
O que eu queria ser, e nunca serei, estraga-me as ruas.
Mas então isto não acaba?
É destino?
Sim, é o meu destino
Distribuído pelos meus conseguimentos no lixo
E os meus propósitos à beira da estrada
Os meus conseguimentos rasgados por crianças,
Os meus propósitos mijados por mendigos,
E toda a minha alma uma toalha suja que escorregou
para o chão.
..............................................................................
O horror do som do relógio à noite na sala de jantar de
uma casa de província —

Toda a monotonia e a fatalidade do tempo...
O horror súbito do enterro que passa
E tira a máscara a todas as esperanças.
Ali...
Ali vai a conclusão.
Ali, fechado e selado,
Ali, debaixo do chumbo lacrado
Vai, que pena como nós,
Vai o que sentiu como nós,
Vai o nós!
Ali, sob um pano cru acro é horroroso como uma abóboda de cárcere
Ali, ali, ali... E eu?

Ora até que enfim... perfeitamente...
Cá está ela!
Tenho a loucura exactamente na cabeça.

Meu coração estoirou como uma bomba de pataco,
E a minha cabeça teve o sobressalto pela espinha acima.

Graças a Deus que estou doido!
Que tudo quanto dei me voltou em lixo,
E, como cuspo atirado ao vento,
Me dispersou pela cara livre!
Que tudo quanto fui se me atou aos pés,
Como a sarapilheira para embrulhar coisa nenhuma!
Que tudo quanto pensei me faz cócegas na garganta
E me quer fazer vomitar sem eu ter comido nada!

Graças a Deus, porque, como na bebedeira.
Isto é uma solução.
Arre, encontrei uma solução, e foi preciso o estômago!
Encontrei uma verdade, senti-a com os intestinos!

Poesia transcendental, já a fiz também!
Grandes raptos líricos, também já por cá passaram!
A organização de poemas relativos à vastidão de cada assunto resolvido em vários
Também não é novidade.
Tenho vontade de vomitar, e de me vomitar a mim...
Tenho uma náusea que, se pudesse comer o universo para o despejar na pia, comia-o.
Com esforço, mas era para bom fim.
Ao menos era para um fim.
E assim como sou não tenho nem fim nem vida...

O mesmo *Teucro duce et auspice Teucro*
É sempre eras — amanhã — que nos faremos ao mar.

Sossega, coração inútil, sossega!
Sossega, porque nada há que esperar,
E por isso nada que desesperar também...
Sossega... Por cima do muro da quinta
Sobe longínquo o olival alheio.
Assim na infância vi outro que não era este:
Não sei se foram os mesmos olhos da mesma alma que o viram.
Adiamos tudo, até que a morte chegue.
Adiamos tudo e o entendimento de tudo,
Com um cansaço antecipado de tudo,
Com uma saudade prognóstica e vazia.

Ah, onde estou ou onde passo, ou onde não estou
nem passo,
A banalidade devorante das caras de toda a gente!
Ah, a angústia insuportável de gente!
O cansaço inconvertível de ver e ouvir!

(Murmúrio outrora de regatos próprios, de arvoredo meu).

Queria vomitar o que vi, só da náusea de o ter visto,
Estômago da alma alvorotado de eu ser...

Que lindos olhos de azul inocente os do pequenito do agiota!
Santo Deus, que entroncamento esta vida!

Tive sempre, feliz ou infelizmente, a sensibilidade humanizada,
E toda a morte me doeu sempre pessoalmente,
Sim, não só pelo mistério de ficar inexpressivo o orgânico,
Mas de maneira directa, cá do coração.

Como o sol doura as casas dos réprobos!
Poderei odiá-los sem desfazer no sol?

Afinal que coisa a pensar com o sentimento distraído
Por causa dos olhos de criança de uma criança...

Que noite serena!
Que lindo luar!
Que linda barquinha
Bailando no mar!

Suave, todo o passado — o que foi aqui de Lisboa —
me surge...
O terceiro-andar das tias, o sossego de outrora,
Sossego de várias espécies,
A infância sem o futuro pensado,
O ruído aparentemente contínuo da máquina de costu-
ra delas,
E tudo bom e a horas,
De um bem e de um a-horas próprio, hoje morto.

Meu Deus, que fiz eu da vida?

Que noite serena, etc.

Quem é que cantava isso?
Isso estava lá.
Lembro-me mas esqueço.
E dói, dói, dói...

Por amor de Deus, parem com isso dentro da minha cabeça.

O ter deveres, que prolixa coisa!
Agora tenho eu que estar à uma menos cinco
Na Estação do Rossio, tabuleiro superior — despedida
Do amigo que vai no «Sud Express» de toda a gente
Para onde toda a gente vai, o Paris...

Tenho que lá estar
E acreditem, o cansaço antecipado é tão grande
Que, se o «Sud Express» soubesse, descarrilava...

Brincadeira de crianças?
Não, descarrilava a valer...
Que leve a minha vida dentro, arre, quando descarrile!...

Tenho desejo forte,
E o meu desejo, porque é forte, entra na substância do mundo.

Começo a conhecer-me. Não existo.
Sou o intervalo entre o que desejo ser e os outros me fizeram,
Ou metade desse intervalo, porque também há vida...
Sou isso, enfim...
Apague a luz, feche a porta e deixe de ter barulho de chinelas no corredor.
Fique eu no quarto só com o grande sossego de mim mesmo.
É um universo barato.

Vai pelo cais fora um bulício de chegada próxima,
Começam chegando os primitivos da espera,
Já ao longe o paquete de África se avoluma e esclarece.
Vim aqui para não esperar ninguém,
Para ver os outros esperar,
Para ser os outros todos a esperar,
Para ser a esperança de todos os outros.

Trago um grande cansaço de ser tanta coisa.
Chegam os retardatários do princípio,
E de repente impaciento-me de esperar, de existir, de ser,
Vou-me embora brusco e notável ao porteiro que me dita
muito ...mas ràpidamente.
Regresso à cidade como à liberdade.

Vale a pena sentir para ao menos deixar de sentir.

Cruzou por mim, veio ter comigo, numa rua da Baixa.
Aquele homem mal vestido, pedinte por profissão que se lhe vê na cara,

Que simpatiza comigo e eu simpatizo com ele;
E reciprocamente, num gesto largo, transbordante, dei-lhe tudo quanto tinha
(Excepto, naturalmente, o que estava na algibeira onde trago mais dinheiro:
Não sou parvo nem romancista russo, aplicado,
E romantismo, sim, mas devagar...).

Sinto uma simpatia por essa gente toda,
Sobretudo quando não merece simpatia.
Sim, eu sou também vadio e pedinte,
E sou-o também por minha culpa.
Ser vadio e pedinte não é ser vadio e pedinte:

É estar ao lado da escala social,
É não ser adaptável às normas da vida,
Às normas reais ou sentimentais da vida —
Não ser Juiz do Supremo, empregado certo, prostituta,
Não ser pobre a valer, operário explorado,
Não ser doente de uma doença incurável,
No ser sedento da justiça ou capitão de cavalaria,
Não ser, enfim, aquelas pessoas sociais dos novelistas
Que se fartam de letras porque têm razão para chorar lágrimas,
E se revoltam contra a vida social porque têm razão para isso supor.

Não: tudo menos ter razão!
Tudo menos importar-me com a humanidade!

Tudo menos ceder ao humanitarismo!
De que serve uma sensação se há uma razão exterior para ela?

Sim ser vadio e pedinte, como eu sou,
Não é ser vadio e pedinte, o que é corrente:
É ser isolado na alma, e isso é que é ser vadio,
É ter pedir aos dias que passem, e nos deixem, e isso é que é ser pedinte.

Tudo mais é estúpido como um Dostoiewski ou um Gorki.
Tudo mais é ter fome ou não ter que vestir.
E, mesmo que isso aconteça, isso acontece a tanta gente
Que nem vale a pena ter pena da gente a quem isso acontece.

Sou vadio e pedinte a valer, isto é, no sentido translato,
E estou-me rebolando numa grande caridade por mim.

Coitado do Álvaro de Campos!
Tão isolado na vida! Tão deprimido nas sensações!
Coitado dele, enfiado na poltrona da sua melancolia!
Coitado dele, que com lágrimas (autênticas) nos olhos,
Deu hoje, num gesto largo, liberal e moscovita,
Tudo quanto tinha, na algibeira em que tinha pouco, àquele
Pobre que não era pobre, que tinha olhos tristes por profissão.

Coitado do Álvaro de Campos, com quem ninguém se importa!
Coitado dele que tem tanta pena de si mesmo!

E, sim, coitado dele!
Mais coitado dele que de muitos que são vadios e vadiam,
Que são pedintes e pedem,
Porque a alma humana é um abismo.

Eu é que sei. Coitado dele!

Que bom poder-me revoltar num comício dentro da minha
alma!

Mas até nem parvo sou!
Nem tenho a defesa de poder ter opiniões sociais.
Não tenho, mesmo, defesa nenhuma; sou lúcido.

Não me queiram converter a convicção: sou lúcido.

Já disse: sou lúcido.
Nada de estéticas com coração: sou lúcido.
Merda! Sou lúcido.

A plácida face anónima de um morto.

Assim os antigos marinheiros portugueses,
Que temeram, seguindo contudo, o mar grande do Fim.
Viram, afinal, não monstros nem grandes abismos,
Mas praias maravilhosas e estrelas por ver ainda.

O que é que os taipais do mundo escondem nas montras de
Deus?

Desfraldando ao conjunto fictício dos céus estrelados
O esplendor do sentido nenhum da vida...

Toquem num arraial a marcha fúnebre minha!
Quero cessar sem consequências...
Quero ir para a morte como para uma festa ao crepúsculo.

# PARTE II

## *OPIÁRIO*

*Ao Senhor Mário de Sá-Carneiro*

É antes do ópio que a minh'alma é doente.
Sentir a vida convalesce e estiola
E eu vou buscar ao ópio que consola
Um Oriente ao oriente do Oriente.

Esta vida de bordo há-de matar-me.
São dias só de febre na cabeça
E, por mais que procure até que adoeça,
Já não encontro a mola pra adaptar-me.

Em paradoxo e incompetência astral
Eu vivo a vincos de ouro a minha vida,
Onda onde o pundonor é uma descida
E os próprios gozos gânglios do meu mal.

É por um mecanismo de desastres.
Uma engrenagem com volantes falsos.
Que passo entre visões de cadafalsos
Num jardim onde há flores no ar, sem hastes.

Vou cambaleando através do lavor
Duma vida-interior de renda e laca.
Tenho a impressão de ter em casa a faca
Com que foi degolado o Precursor.

Ando expiando um crime numa mala,
Que um avô meu cometeu por requinte.
Tenho os nervos na forca, vinte a vinte.
E caí no ópio como numa vala.

Ao toque adormecido da morfina
Perco-me em transparências latejantes
E numa noite cheia de brilhantes
Ergue-se a lua como a minha Sina.

Eu, que fui sempre um mau estudante, agora
Não faço mais que ver o navio ir
Pelo canal de Suez a conduzir
A minha vida, cânfora na aurora.

Perdi os dias que já aproveitara.
Trabalhei para ter só o cansaço
Que é hoje em mim uma espécie de braço
Que ao meu pescoço me sufoca e ampara.

E fui criança como toda a gente.
Nasci numa província portuguesa
E tenho conhecido gente inglesa
Que diz que eu sei inglês perfeitamente.

Gostava de ter poemas e novelas
Publicados por Plon e no *Mercure*,
Mas é impossível que esta vida dure.
Se nesta viagem nem houve procelas!

A vida a bordo é uma coisa triste,
Embora a gente se divirta às vezes.
Falo com alemães, suecos e ingleses
E a minha mágoa de viver persiste.

Eu acho que não vale a pena ter
Ido ao Oriente e visto a Índia e a China.
A terra é semelhante e pequenina
E há só uma maneira de viver.

Por isso eu tomo ópio. É um remédio.
Sou um convalescente do Momento.
Moro no rés-do-chão do pensamento
E ver passar a Vida faz-me tédio.

Fumo. Canso. Ah uma terra aonde, enfim,
Muito a leste não fosse o oeste já!
Pra que fui visitar a Índia que há
Se não há Índia senão a alma em mim?

Sou desgraçado por meu morgadio.
Os ciganos roubaram minha Sorte.
Talvez nem mesmo encontre ao pé da morte
Um lugar que me abrigue do meu frio.

Eu fingi que estudei engenharia.
Vivi na, Escócia. Visitei a Irlanda.
Meu coração é uma avozinha que anda
Pedindo esmola às portas da Alegria.

Não chegues a Port-Said, navio de ferro!
Volta à direita, nem eu sei para onde.
Passo os dias no *smoking-room* com o conde —
Um *escroc* francês, conde de fim de enterro.

Volto à Europa descontente, e em sortes
De vir a ser um poeta sonambólico.
Eu sou monárquico mas não católico
E gostava de ser as coisas fortes.

Gostava de ter crenças e dinheiro,
Ser vária gente insípida que vi.
Hoje, afinal, não sou senão, aqui,
Num navio qualquer um passageiro.

Não tenho personalidade alguma.
É mais notado que eu esse criado
De bordo que tem um belo modo alçado
De *laird* escocês há dias em jejum.

Não posso estar em parte alguma. A minha
Pátria é onde não estou. Sou doente e fraco.
O comissário de bordo é velhaco.
Viu-me co'a sueca... e o resto ele adivinha.

Um dia faço escândalo cá a bordo,
Só para dar que falar de mim aos mais.
Não posso com a vida, e acho fatais
As iras com que às vezes me debordo.

Levo o dia a fumar, a beber coisas,
Drogas americanas que entontecem,
E eu já tão bêbado sem nada! Dessem
Melhor cérebro aos meus nervos como rosas:

Escrevo estas linhas. Parece impossível
Que mesmo ao ter talento eu mal o sinta!
O facto é que esta vida é uma quinta
Onde se aborrece uma alma sensível.

Os ingleses são feitos pra existir.
Não há gente como esta pra estar feita
Com a Tranquilidade. A gente deita
Um vintém e sai um deles a sorrir.

Pertenço a um género de portugueses
Que depois de estar a Índia descoberta
Ficaram sem trabalho. A morte é certa.
Tenho pensado nisto muitas vezes.

Leve o diabo a vida e a gente tê-la!
Nem leio o livro à minha cabeceira.
Enoja-me o Oriente. É uma esteira
Que a gente enrola e deixa de ser bela.

Caio no ópio por força. Lá querer
Que eu leve a limpo uma vida destas
Não se pode exigir. Almas honestas
Com horas pra dormir e pra comer,

Que um raio as parta! E isto afinal é inveja.
Porque estes nervos são a minha morte.
Não haver um navio que me transporte
Para onde eu nada queira que o não veja!

Ora! Eu cansava-me do mesmo modo.
Qu'ria outro ópio mais forte pra ir de ali
Para sonhos que dessem cabo de mim
E pregassem comigo nalgum lodo.

Febre! Se isto que tenho não é febre,
Não sei como é que se tem febre e sente.
O facto essencial é que estou doente.
Está corrida, amigos, esta lebre.

Veio a noite. Tocou já a primeira
Corneta, pra vestir para o jantar.
Vida social por cima! Isso! E marchar
Até que a gente saia pla coleira!

Porque isto acaba mal e há-de haver
(Olá!) sangue e um revólver lá prò fim
Deste desassossego que há em mim
E não há forma de se resolver.

E quem me olhar, há-de-me achar banal,
A mim e à minha vida... Ora! um rapaz...
O meu próprio monóculo me faz
Pertencer a um tipo universal.

Ah quanta alma viverá, que ande metida
Assim como eu na Linha, e como eu mística!
Quantos sob a casaca característica
Não terão como eu o horror à vida?

Se ao menos eu por fora fosse tão
Interessante como sou por dentro!
Vou no Maelstrom, cada vez mais prò centro.
Não fazer nada é a minha perdição.

Um inútil. Mas é tão justo sê-lo!
Pudesse a gente desprezar os outros
E, ainda que co'os cotovelos rotos,
Ser herói, doido, amaldiçoado ou belo!

Tenho vontade de levar as mãos
À boca e morder nelas fundo e a mal.
Era uma ocupação original
E distraía os outros, os tais sãos.

O absurdo, como uma flor da tal Índia
Que não vim encontrar na Índia, nasce
No meu cérebro farto de cansar-se.
A minha vida mude-a Deus ou finde-a...

Deixe-me estar aqui, nesta cadeira,
Até virem meter-me no caixão.
Nasci pra mandarim de condição,
Mas falta-me o sossego, o chá e a esteira.

Ah que bom que era ir daqui de caída
Prà cova por um alçapão de estouro!
A vida sabe-me a tabaco louro.
Nunca fiz mais do que fumar a vida.

E afinal o que quero é fé, é calma,
E não ter estas sensações confusas.
Deus que acabe com isto! Abra as eclusas —
E basta de comédias na minh'alma!

*No Canal de Suez, a bordo.*

## *ODE TRIUNFAL*

À dolorosa luz das grandes lâmpadas eléctricas da fábrica
Tenho febre e escrevo.
Escrevo rangendo os dentes, fera para a beleza disto,
Para a beleza disto totalmente desconhecida dos antigos.

Ó rodas, ó engrenagens, *r-r-r-r-r-r* eterno!
Forte espasmo retido dos maquinismos em fúria!
Em fúria fora e dentro de mim,
Por todos os meus nervos dissecados fora,
Por todas as papilas fora de tudo com que eu sinto!
Tenho os lábios secos, ó grandes ruídos modernos,
De vos ouvir demasiadamente de perto,
E arde-me a cabeça de vos querer cantar com um excesso
De expressão de todas as minhas sensações,
Com um excesso contemporâneo de vós, ó máquinas!

Em febre e olhando os motores como a uma Natureza tropical —
Grandes trópicos humanos de ferro e fogo e força —

Canto, e canto o presente, e também o passado e o futuro.
Porque o presente é todo o passado e todo o futuro
E há Platão e Virgílio dentro das máquinas e das luzes eléctricas
Só porque houve outrora e foram humanos Virgílio e Platão,
E pedaços do Alexandre Magno do século talvez cinqüenta,
Átomos que hão-de ir ter febre para o cérebro do Ésquilo do século cem.
Andam por estas correias de transmissão e por estes êmbolos e por estes volantes,

Rugindo, rangendo, ciciando, estrugindo, ferreando,
Fazendo-me um excesso de carícias ao corpo numa só carícia à alma.

Ah, poder exprimir-me todo como um motor se exprime!
Ser completo como uma máquina!
Poder ir na vida triunfante como um automóvel último-modelo!
Poder ao menos penetrar-me fisicamente de tudo isto,
Rasgar-me todo, abrir-me completamente, tornar-me passento
A todos os perfumes de óleos e calores e carvões
Desta flora estupenda, negra, artificial e insaciável!

Fraternidade com todas as dinâmicas!
Promíscua fúria de ser parte-agente
Do rodar férreo e cosmopolita
Dos comboios estrénuos.

Da faina transportadora-de-cargas dos navios.
Do giro lúbrico e lento dos guindastes,
Do tumulto disciplinado das fábricas,
E do quase-silêncio ciciante e monótono das correias de transmissão

Horas europeias, produtoras, entaladas
Entre maquinismos e afazeres úteis!
Grandes cidades paradas nos cafés!
Nos cafés — oásis de inutilidades ruidosas
Onde se cristalizam e se precipitam
Os rumores e os gestos do Útil
E as rodas, e as rodas-dentadas e as chumaceiras do Progressivo!
Nova Minerva sem-alma dos cais e das gares!
Novos entusiasmos de estatura do Momento!

Quilhas de chapas de ferro sorrindo encostadas às docas,
Ou a seco, erguidas, nos planos-inclinados dos portos!
Actividade internacional, transatlântica, *Canadian-Pacific*!
Luzes e febris perdas de tempo nos bares, nos hotéis,
Nos Longchamps e nos Derbies e nos Ascots,
E Piccadillies e Avenues de l´Opéra que entram
Pela minh´alma dentro!

Hé-lá as ruas, hé-lá as praças, hé-lá-hô *la foule*!
Tudo o que passa, tudo o que pára às montras!
Comerciantes; vários; *escrocs* exageradamente bem-vestidos;
Membros evidentes de clubes aristocráticos;

Esquálidas figuras dúbias; chefes de família vagamente felizes
E paternais até na corrente de oiro que atravessa o colete
De algibeira a algibeira!
Tudo o que passa, tudo o que passa e nunca passa!
Presença demasiadamente acentuada das cocotes
Banalidade interessante (e quem sabe o quê por dentro?)
Das burguesinhas, mãe e filha geralmente,
Que andam na rua com um fim qualquer;
A graça feminil e falsa dos pederastas que passam, lentos;
E toda a gente simplesmente elegante que passeia e se mostra
E afinal tem alma lá dentro!

(Ah, como eu desejaria ser o *souteneur* disto tudo!)

A maravilhosa beleza das corrupções políticas,
Deliciosos escândalos financeiros e diplomáticos,
Agressões políticas nas ruas,
E de vez em quando o cometa dum regicídio
Que ilumina de Prodígio e Fanfarra os céus
Usuais e lúcidos da Civilização quotidiana!

Notícias desmentidas dos jornais.
Artigos políticos insinceramente sinceros,

Notícias *passez à-la-caisse*, grandes crimes —
Duas colunas deles passando para a segunda
O cheiro fresco a tinta de tipografia!

Os cartazes postos há pouco, molhados!
Vients-de-paraître amarelos como uma cinta branca!
Como eu vos amo a todos, a todos, a todos.
Como eu vos amo de todas as maneiras,
Com os olhos e com os ouvidos e com o olfacto
E como o tacto (o que palpar-vos representa para mim!)
E com a inteligência como uma antena que fazeis vibrar!
Ah, como todos os meus sentidos têm cio de vós!

Adubos, debulhadoras a vapor, progressos da agricultura!
Química agrícola, e o comércio quase uma ciência!
Ó mostruários dos caixeiros-viajantes,
Dos caixeiros-viajantes, cavaleiros-andantes da Indústria,
Prolongamentos humanos das fábricas e dos calmos escritórios!

Ó fazendas nas montras! Ó manequins! Ó últimos figurinos!
Ó artigos inúteis que toda a gente quer comprar!
Olá grandes armazéns com várias secções!
Olá anúncios eléctricos que vêm e estão e desaparecem!
Olá tudo com que hoje se constrói, com que hoje se é diferente de ontem!

Eh, cimento armado, beton de cimento, novos processos!
Progressos dos armamentos gloriosamente mortíferos!
Couraças, canhões, metralhadoras, submarinos, aeroplanos!
Amo-vos a todos, a tudo, como uma fera.
Amo-vos carnìvoramente.

Pervertidamente e enroscando a minha vista
Em vós, ó coisas grandes, banais, úteis, inúteis,

Ó coisas todas modernas,
Ó minhas contemporâneas, forma actual e próxima
Do sistema imediato do Universo!
Nova Revelação metálica e dinâmica de Deus!

Ó fábricas, ó laboratórios, ó *music-halls*, ó Luna-Parks,
Ó couraçados, ó pontes, ó docas flutuantes —
Na minha mente turbulenta e encandescida
Possuo-vos como a uma mulher bela,
Completamente vos possuo como a uma mulher bela que não se ama.
Que se encontra casualmente e se acha interessantíssima.

Eh-lá-hô fachadas das grandes lojas!
Eh-lá-hô elevadores dos grandes edifícios!
Eh-lá-hô recomposições ministeriais
Parlamentos, políticas, relatores de orçamentos.
Orçamentos falsificados
(Um orçamento é tão natural como uma árvore
E um parlamento tão belo como uma borboleta).

Eh-lá o interesse por tudo na vida,
Porque tudo é a vida, desde os brilhantes nas montras
Até à noite ponte misteriosa entre os astros
E o mar antigo e solene, lavando as costas

E sendo misericordiosamente o mesmo
Que era quando Platão era realmente Platão
Na sua presença real e na sua carne com a alma dentro,
E falava com Aristóteles, que havia de não ser discípulo dele.

Eu podia morrer triturado por um motor
Com o sentimento de deliciosa entrega duma mulher possuída.

Atirem-me para dentro das fornalhas!
Metam-me debaixo dos comboios!
Espanquem-me a bordo de navios!
Masoquismo através de maquinismos!
Sadismo de não sei quê moderno e eu e barulho!

Up-lá hô jockey que ganhaste o Derby,
Morder entre dentes o teu cap de duas cores!

(Ser tão alto que não pudesse entrar por nenhuma porta!
Ah, olhar é em mim uma perversão sexual!)

Eh-lá, eh-lá, eh-lá, catedrais!
Deixai-me partir a cabeça de encontro às vossas esquinas.

E ser levado da rua cheio de sangue
Sem ninguém saber quem eu sou!

Ó *tramways*, funiculares, metropolitanos,
Roçai-vos por mim até ao espasmo!
Hilla! hilla! hilla-hô!
Dai-me gargalhadas em plena cara,
Ó automóveis apinhados de pândegos e de...,
Ó multidões quotidianas nem alegres nem tristes das ruas,
Rio multicolor anônimo e onde eu me posso banhar como quereria!
Ah, que vidas complexas, que coisas lá pelas casas de tudo isto!
Ah, saber-lhes as vidas a todos, as dificuldades de dinheiro,
As dissensões domésticas, os deboches que não se suspeitam,
Os pensamentos que cada um tem a sós consigo no seu quarto
E os gestos que faz quando ninguém pode ver!
Não saber tudo isto é ignorar tudo, ó raiva,
Ó raiva que como uma febre e um cio e uma fome

Me põe a magro o rosto e me agita às vezes as mãos
Em crispações absurdas em pleno meio das turbas
Nas ruas cheias de encontrões!

Ah, e a gente ordinária e suja, que parece sempre a mesma,
Que emprega palavrões como palavras usuais,
Cujos filhos roubam às portas das mercearias
E cujas filhas aos oito anos — e eu acho isto belo e amo-o! —
... ... ... ... ... ... ... ... ... ... ... ... ... ... ... ... ... ... ... ... ... ... ... ... ... ... ... ...
A gentalha que anda pelos andaimes e que vai para casa
Por vielas quase irreais de estreiteza e podridão.

Maravilhosa gente humana que vive como os cães,
Que está abaixo de todos os sistemas morais,
Para quem nenhuma religião foi feita,
Nenhuma arte criada,
Nenhuma política destinada para eles!
Como eu vos amo a todos, porque sois assim.
Nem imorais de tão baixos que sois, nem bons nem maus.
Inatingíveis por todos os progressos,
Fauna maravilhosa do fundo do mar da vida!

(Na nora do quintal da minha casa
O burro anda à roda, anda à roda,
E o mistério do mundo é do tamanho disto.
Limpa o suor com o braço, trabalhador descontente.
A luz do sol abafa o silêncio das esferas
E havemos todos de morrer,
Ó pinheirais sombrios ao crepúsculo,
Pinheirais onde a minha infância era outra coisa
Do que eu sou hoje...)

Mas, ah outra vez a raiva mecânica constante!
Outra vez a obsessão movimentada dos ónibus,
E outra vez a fúria de estar indo ao mesmo tempo dentro
de todos os comboios
De todas as partes do mundo,

De estar dizendo adeus de bordo de todos os navios,
Que a estas horas estão levantando ferro ou afastando-se
das docas.
Ó ferro, ó aço, ó alumínio, ó chapas de ferro ondulado!
Ó cais, ó portos, ó comboios, ó guindastes, ó rebocadores!

Eh-lá grandes desastres de comboios!
Eh-lá desabamentos de galerias de minas!
Eh-lá naufrágios deliciosos dos grandes transatlânticos!
Eh-lá-hô revoluções aqui, ali, acolá,
Alterações de constituições, guerras, tratados, invasões,
Ruído, injustiças, violências, e talvez para breve o fim,
A grande invasão dos bárbaros amarelos pela Europa,
E outro Sol no novo Horizonte!

Que importa tudo isto, mas que importa tudo isto
Ao fúlgido e rubro ruído contemporâneo.
Ao ruído cruel e delicioso da civilização de hoje?
Tudo isso apaga tudo, salvo o Momento,
O Momento de tronco nu e quente como um fogueiro,
O Momento estridentemente ruidoso e mecânico,
O Momento dinâmico passagem de todas as bacantes
Do ferro e do bronze e da bebedeira dos metais.

Eia comboios, eia pontes, eia hotéis à hora do jantar,
Eia aparelhos de todas as espécies, férreos, brutos, mínimos,
Instrumentos de precisão, aparelhos de triturar, de cavar,
Engenhos, brocas, máquinas rotativas!

Eia! eia! eia!
Eia electricidade, nervos doentes da Matéria!
Eia telegrafia-sem-fios, simpatia metálica do Inconsciente!
Eia túneis, eia canais, Panamá, Kiel, Suez!
Eia todo o passado dentro do presente!
Eia! eia! eia!

Frutos de ferro e útil da árvore-fábrica cosmopolita!
Eia! eia! eia! eia-hô-ô-ô!
Nem sei que existo para dentro. Giro, rodeio, engenho-me.
Engatam-me em todos os comboios.
Içam-me em todos os cais.
Giro dentro das hélices de todos os navios.
Eia! eia-hô! eia!
Eia! sou o calor mecânico e a electricidade!

Eia! e os *rails* e as casas de máquinas e a Europa!
Eia e hurrah por mim-tudo e tudo, máquinas a traba-
lhar, eia!

Galgar com tudo por cima de tudo! Hup-lá!
Hup-lá, hup-lá, hup-lá-hô, hup-la! Hé-la!
He-hô! H-o-o-o-o-o!
Z-z-z-z-z-z-z-z-z-z-z-z!

Ah não ser eu toda a gente e toda a parte!

*Londres.*

## *DOIS EXCERTOS DE ODES*
## (FINS DE DUAS ODES NATURALMENTE)

### I

... ... ... ... ... ... ... ... ... ... ... ... ... ... ... ... ... ... ... ... ... ... ... ... ... ... ... ... ... ... ... ...

Vem, Noite antiquíssima e idêntica.
Noite Rainha nascida destronada,
Noite igual por dentro ao silêncio. Noite
Com as estrelas lantejoulas rápidas
No teu vestido franjado de Infinito.

Vem, vagamente.
Vem, levemente,
Vem sozinha, solene, com as mãos caídas
Ao teu lado, vem
E traz os montes longínquos para o pé das árvores próximas,
Funde num campo teu todos os campos que vejo,
Faze da montanha um bloco só do teu corpo.
Apaga-lhe todas as diferenças que de longe vejo.

Todas as estradas que a sobem,
Todas as várias árvores que a fazem verde-escuro ao longe.
Todas as casas brancas e com fumo entre as árvores.
E deixa só uma luz e outra luz e mais outra.
Na distância imprecisa e vagamente perturbadora.
Na distância subitamente impossível de percorrer.

Nossa Senhora
Das coisas impossíveis que procuramos em vão,
Dos sonhos que vêm ter connosco ao crepúsculo, à janela.
Dos propósitos que nos acariciam

Nos grandes terraços dos hotéis cosmopolitas
Ao som europeu das músicas e das vozes longe e perto.
E que doem por sabermos que nunca os realizaremos
Vem, e embala-nos,
Vem e afaga-nos.
Beija-nos silenciosamente na fronte.
Tão levemente na fronte que não saibamos que nos beijam
Senão por uma diferença na alma.
E um vago soluço partindo melodiosamente
Do antiquíssimo de nós
Onde têm raiz todas essas árvores de maravilha
Cujos frutos são os sonhos que afagamos e amamos
Porque os sabemos fora de relação com o que há na vida.

Vem soleníssima,
Soleníssima e cheia
De uma oculta vontade de soluçar,
Talvez porque a alma é grande e a vida pequena.
E todos os gestos não saem do nosso corpo
E só alcançamos onde o nosso braço chega,
E só vemos até onde chega o nosso olhar.

Vem, dolorosa,
Mater-Dolorosa das Angústias dos Tímidos,
Turris-Eburnea das Tristezas dos Desprezados,
Mão fresca sobre a testa em febre dos humildes.
Sabor de água sobre os lábios secos dos Cansados.
Vem, lá do fundo
Do horizonte lívido,
Vem e arranca-me
Do solo de angústia e de inutilidade
Onde vicejo.
Apanha-me do meu solo, malmequer esquecido.
Folha a folha lê em mim não sei que sina
E desfolha-me para teu agrado,

Para teu agrado silencioso e fresco.
Uma folha de mim lança para o Norte,
Onde estão as cidades de Hoje que eu tanto amei;
Outra folha de mim lança para o Sul,
Onde estão os mares que os Navegadores abriram;
Outra folha minha atira ao Ocidente,

Onde arde ao rubro tudo o que talvez seja o Futuro,
Que eu sem conhecer adoro;
E a outra, as outras, o resto de mim
Atira ao Oriente,
Ao Oriente donde vem tudo, o dia e a fé,
Ao Oriente pomposo e fanático e quente,
Ao Oriente excessivo que eu nunca verei,
Ao Oriente budista, bramânico, sintoísta,
Ao Oriente que tudo o que nós não temos.
Que tudo o que nós não somos,
Ao Oriente onde — quem sabe? — Cristo talvez ainda hoje viva,
Onde Deus talvez exista realmente e mandando tudo...

Vem sobre os mares,
Sobre os mares maiores,
Sobre os mares sem horizontes precisos,
Vem e passa a mão pelo dorso da fera,
E acalma-o misteriosamente,
Ó domadora hipnótica das coisas que se agitam muito!

Vem, cuidadosa,
Vem, maternal,
Pé antepé enfermeira antiquíssima, que te sentaste
À cabeceira dos deuses das fés já perdidas,
E que viste nascer Jeová e Júpiter,
E sorriste porque tudo te é falso e inútil.

Vem, Noite silenciosa e extática,
Vem envolver na noite manto branco
O meu coração...
Serenamente como uma brisa na tarde leve,
Tranquilamente com um gesto materno afagando.
Com as estrelas luzindo nas tuas mãos
E a lua máscara misteriosa sobre a tua face.
Todos os sons soam de outra maneira
Quando tu vens.
Quando tu entras baixam todas as vozes,
Ninguém te vê entrar.
Ninguém sabe quando entraste,
Senão de repente, vendo que tudo se recolhe,
Que tudo perde as arestas e as cores,
E que no alto céu ainda claramente azul
Já crescente nítido, ou círculo branco, ou mera luz nova que vem,
A lua começa a ser real.

## II

Ah o crepúsculo, o cair da noite, o acender das luzes nas grandes cidades
E a mão de mistério que abafa o bulício,
E o cansaço de tudo em nós que nos corrompe
Para uma sensação exacta e precisa e activa da Vida!
Cada rua é um canal de uma Veneza de tédios
E que misterioso o fundo unânime das ruas,
Das ruas ao cair da noite, ó Cesário Verde, ó Mestre,
Ó do «Sentimento de um Ocidental»!

Que inquietação profunda, que desejo de outras coisas.
Que nem são países, nem momentos, nem vidas,
Que desejo talvez de outros modos de estados de alma
Humedece interiormente o instante lento e longínquo!

Um horror sonâmbulo entre luzes que se acendem,
Um pavor terno e líquido, encostado às esquinas
Como um mendigo de sensações impossíveis
Que não sabe quem lhas possa dar...

Quando eu morrer,
Quando me for, ignòbilmente, como toda a gente,
Por aquele caminho cuja ideia se não pode encarar de frente,
Por aquela porta a que, se pudéssemos assomar, não assomaríamos

Para aquele porto que o capitão do Navio não conhece,
Seja por esta hora condigna dos tédios que tive,
Por esta hora mística e espiritual e antiquíssima,
Por esta hora em que talvez, há muito mais tempo do que parece,
Platão sonhando viu a ideia de Deus
Esculpir corpo e existência nitidamente plausível.
Dentro do seu pensamento exteriorizado como um campo.

Seja por esta hora que me leveis a enterrar,
Por esta hora que eu não sei como viver,
Em que não sei que sensações ter ou fingir que tenho,
Por esta hora cuja misericórdia é torturada e excessiva,
Cujas sombras vêm de qualquer outra coisa que não as coisas,
Cuja passagem não roça vestes no chão da Vida Sensível
Nem deixa perfume nos caminhos do Olhar.

Cruza as mãos sobre o joelho, ó companheira que eu não tenho nem quero ter.
Cruza as mãos sobre o joelho e olha-me em silêncio
A esta hora em que eu não posso ver que tu me olhas,
Olha-me em silêncio e em segredo e pergunta a ti própria
— Tu que me conheces — quem eu sou...

## *ODE MARÍTIMA*

Sòzinho, no cais deserto, a esta manhã de Verão,
Olho prò lado da barra, olho prò Indefinido,
Olho e contenta-me ver,
Pequeno, negro e claro, um paquete entrando.
Vem muito longe, nítido, clássico à sua maneira.
Deixa no ar distante atrás de si a orla vã do seu fumo.
Vem entrando, e a manhã entra com ele, e no rio,
Aqui, acolá, acorda a vida marítima,
Erguem-se velas, avançam rebocadores,
Surgem barcos pequenos detrás dos navios que estão no porto.
Há uma vaga brisa.
Mas a minh'alma está com o que vejo menos.
Com o paquete que entra,
Porque ele está com a Distância, com a Manhã,
Com o sentido marítimo desta Hora,
Com a doçura dolorosa que sobe em mim como uma náusea,
Como um começar a enjoar, mas no espírito.
Olho de longe o paquete, com uma grande independência de alma,
E dentro de mim um volante começa a girar, lentamente.

Os paquetes que entram de manhã na barra
Trazem aos meus olhos consigo
O mistério alegre e triste de quem chega e parte.
Trazem memórias de cais afastados e doutros momentos
Doutro modo da mesma humanidade noutros pontos.
Todo o atracar, todo o largar de navio,
É — sinto-o em mim como o meu sangue —

Inconscientemente simbólico, terrivelmente
Ameaçador de significações metafísicas
Que perturbam em mim quem eu fui...

Ah, todo o cais é uma saudade de pedra!
E quando o navio larga do cais
E se repara de repente que se abriu um espaço
Entre o cais e o navio,
Vem-me, não sei porquê, uma angústia recente.
Uma névoa de sentimentos de tristeza
Que brilha ao sol das minhas angústias relvadas
Como a primeira janela onde a madrugada bate,
E me envolve com uma recordação duma outra pessoa
Que fosse misteriosamente minha.

Ah, quem sabe, quem sabe,
Se não parti outrora, antes de mim,
Dum cais; se não deixei, navio ao sol
Oblíquo da madrugada,
Uma outra espécie de porto?
Quem sabe se não deixei, antes de a hora
Do mundo exterior como eu o vejo
Raiar-se para mim,
Um grande cais cheio de pouca gente,
Duma grande cidade meio-desperta,
Duma enorme cidade comercial, crescida, apopléctica,
Tanto quanto isso pode ser fora do Espaço e do Tempo?

Sim, dum cais, dum cais dalgum modo material,
Real, visível como cais, cais realmente,
O Cais Absoluto por cujo modelo inconscientemente
imitado,
Insensivelmente evocado,
Nós os homens construímos
Os nossos cais nos nossos portos,

Os nossos cais de pedra actual sobre água verdadeira,
Que depois de construídos se anunciam de repente
Coisas-Reais, Espíritos-Coisas, Entidades em Pedra-Almas.
A certos momentos nossos de sentimento-raiz
Quando no mundo-exterior como que se abre uma porta
E, sem que nada se altere,
Tudo se revela diverso.

Ah o Grande Cais donde partimos em Navios-Nações!
O Grande Cais Anterior, eterno e divino!
De que porto? — Em que águas? E porque penso eu isto?
Grandes Cais como os outros cais, mas o Único.
Cheio como eles de silêncios rumorosos nas antemanhãs,
E desabrochando com as manhãs num ruído de guindastes
E chegadas de comboios de mercadorias,
E sob a nuvem negra e ocasional e leve
Do fundo das chaminés das fábricas próximas
Que lhe sombreia o chão preto de carvão pequenino
Como se fosse a sombra duma nuvem que passasse que
brilha, sobre água sombria.

Ah, que essencialidade de mistério e sentido parados
Em divino êxtase revelador
Às horas cor de silêncios e angústias
Não é ponte entre qualquer cais e O Cais!

Cais negramente reflectido nas águas paradas,
Bulício a bordo dos navios,
Ó alma errante e instável da gente que anda embarcada,
Da gente simbólica que passa e com quem nada dura,
Que quando o navio volta ao porto
Há sempre qualquer alteração a bordo!

Ó fugas contínuas, idas, ebriedade do Diverso!
Alma eterna dos navegadores e das navegações!

Cascos reflectidos devagar nas águas,
Quando o navio larga do porto!
Flutuar como alma da vida, partir como voz,
Viver o momento tremulamente sobre águas eternas.
Acordar para dias mais directos que os dias da Europa.
Ver portos misteriosos sobre a solidão do mar,
Virar cabos longínquos para súbitas vastas paisagens
Por inumeráveis encostas atónitas...

Ah, as praias longínquas, os cais vistos de longe.
E depois as praias próximas, os cais vistos de perto.
O mistério de cada ida e de cada chegada,
A dolorosa instabilidade e incompreensibilidade
Deste impossível universo
A cada hora marítima mais na própria pele sentido!
O soluço absurdo que as nossas almas derramam
Sobre as extensões de mares diferentes com ilhas ao longe,
Sobre as ilhas longínquas das costas deixadas passar,
Sobre o crescer nítido dos portos, com as suas casas e a sua gente,
Para o navio que se aproxima.

Ah, a frescura das manhãs em que se chega.
E a palidez das manhãs em que se parte.

Quando as nossas entranhas se arrepanham
E uma vaga sensação parecida com um medo
— O medo ancestral de se afastar e partir,
O misterioso receio ancestral à Chegada e ao Novo —
Encolhe-nos a pele e agonia-nos,
E todo o nosso corpo angustiado sente,
Como se fosse a nossa alma,
Uma inexplicável vontade de poder sentir isto doutra maneira:
Uma saudade a qualquer coisa,

Uma perturbação de afeições a que vaga pátria?
A que costa? a que navio: a que cais?
Que se adoece em nós o pensamento,
E só fica um grande vácuo dentro de nós,
Uma oca saciedade de minutos marítimos,
E uma ansiedade vaga que seria tédio ou dor
Se soubesse como sê-lo...

A manhã de Verão está, ainda assim, um pouco fresca.
Um leve torpor de noite anda ainda no ar sacudido.
Acelera-se ligeiramente o volante dentro de mim.
E o paquete vem entrando, porque deve vir entrando
sem dúvida,
E não porque eu o veja mover-se na sua distância excessiva.

Na minha imaginação ele está já perto e é visível
Em toda a extensão das linhas das suas vigias.

E treme em mim tudo, toda a carne e toda a pele,
Por causa daquela criatura que nunca chega em nenhum
barco
E eu vim esperar hoje ao cais, por um mandado oblíquo.

Os navios que entram a barra,
Os navios que saem dos portos,
Os navios que passam ao longe
(Suponho-me vendo-os duma praia deserta) —
Todos estes navios abstractos quase na sua ida
Todos estes navios assim comovem-me como se fossem
outra coisa
E não apenas navios, navios indo e vindo.

E os navios vistos de perto, mesmo que se não vá em-
barcar neles.
Vistos de baixo, dos botes, muralhas altas de chapas,

Vistos dentro, através das câmaras, das salas, das despensas,
Olhando de perto os mastros, afilando-se lá prò alto,
Roçando pelas cordas, descendo as escadas incómodas,
Cheirando a untada mistura metálica e marítima de tudo
aquilo —
Os navios vistos de perto são outra coisa e a mesma coisa,
Dão a mesma saudade e a mesma ânsia doutra maneira.

Toda a vida marítima! tudo na vida marítima!
Insinua-se no meu sangue toda essa sedução fina
E eu cismo indeterminadamente as viagens.

Ah, as linhas das costas distantes, achatadas pelo horizonte!
Ah, os cabos, as, ilhas, as praias areentas!
As solidões marítimas como certos momentos no Pacífico
Em que não sei por que sugestão aprendida na escola
Se sente pesar sobre os nervos o facto de que aquele é o
maior dos oceanos
E o mundo e o sabor das coisas tornam-se um deserto
dentro de nós!

A extensão mais humana, mais salpicada, do Atlântico!
O Índico, o mais misterioso dos oceanos todos!
O Mediterrâneo, doce, sem mistério nenhum, clássico,
um mar para bater
De encontro a esplanadas olhadas de jardins próximos
por estátuas brancas!
Todos os mares, todos os estreitos, todas as baías, todos
os golfos,
Queria apertá-los ao peito, senti-los bem e morrer!

E vós, ó coisas navais, meus velhos brinquedos de sonho!
Componde fora de mim a minha vida interior!
Quilhas, mastros e velas, rodas do leme, cordagens,
Chaminés de vapores, hélices, gáveas, flâmulas,

Galdropes, escotilhas, caldeiras, colectores, válvulas;
Caí, por mim dentro em montão, em monte,
Como o conteúdo confuso de uma gaveta despejada no chão!
Sede vós o tesouro da minha avareza febril,
Sede vós os frutos da árvore da minha imaginação,

Tema de cantos meus, sangue nas veias da minha inteligência,
Vosso seja o laço que me une ao exterior pela estética.
Fornecei-me metáforas imagens, literatura,
Porque em real verdade, a sério, literalmente,
Minhas sensações são um barco de quilha prò ar,
Minha imaginação uma âncora meio submersa,
Minha ânsia um remo partido,
E a tessitura dos meus nervos uma rede a secar na praia!

Soa no acaso do rio um apito, só um.
Treme já todo o chão do meu psiquismo.
Acelera-se cada vez mais o volante dentro de mim.

Ah, os paquetes, as viagens, o não-se-saber-o-paradeiro
De Fulano-de-tal, marítimo, nosso conhecido!
Ah, a glória de se saber que um homem que andava connosco
Morreu afogado ao pé duma ilha do Pacífico!
Nós que andámos com ele vamos falar nisso a todos.
Com um orgulho legítimo, com uma confiança invisível
Em que tudo isso tenha um sentido mais belo e mais vasto
Que apenas o ter-se perdido o barco onde ele ia
E ele ter ido ao fundo por lhe ter entrado água pròs pulmões!

Ah, os paquetes os navios-carvoeiros, os navios de vela!
Vão rareando — ai de mim! — os navios de vela nos mares!

E eu, que amo a civilização moderna, eu que beijo com a alma as máquinas,

Eu o engenheiro, eu o civilizado, eu o educado no estrangeiro,
Gostaria de ter outra vez ao pé da minha vista só veleiros e barcos de madeira,
De não saber doutra vida marítima que a antiga vida nos mares!
Porque os mares antigos são a Distância Absoluta,
O Puro Longe, liberto do peso do Actual...
E ah, como aqui tudo me lembra essa vida melhor,
Esses mares, maiores, porque se navegava mais devagar.
Esses mares, misteriosos, porque se sabia menos deles.

Todo o vapor ao longe é um barco de vela perto.
Todo o navio distante visto agora é um navio no passado visto próximo.
Todos os marinheiros invisíveis a bordo dos navios no horizonte
São os marinheiros visíveis do tempo dos velhos navios,
Da época lenta e veleira das navegações perigosas,
Da época de madeira e lona das viagens que duravam meses.

Toma-me pouco a pouco o delírio das coisas marítimas,
Penetram-me fisicamente o cais e a sua atmosfera,
O marulho do Tejo galga-me por cima dos sentidos,
E começo a sonhar, começo a envolver-me do sonho das águas,
Começam a pegar bem as correias-de-transmissão na minh'alma
E a aceleração do volante sacode-me nitidamente.

Chamam por mim as águas,
Chamam por mim os mares,
Chamam por mim, levantando uma voz corpórea, os longes,
As épocas marítimas todas sentidas no passado, a chamar.

Tu, marinheiro inglês, Jim Barns meu amigo, foste tu
Que me ensinaste esse grito antiquíssimo, inglês,
Que tão venenosamente resume
Para as almas complexas como a minha
O chamamento confuso das águas,
A voz inédita e implícita de todas as coisas do mar,
Dos naufrágios, das viagens longínquas, das travessias
perigosas.
Esse teu grito inglês, tornado universal no meu sangue,
Sem feitio de grito, sem forma humana nem voz.
Esse grito tremendo que parece soar
De dentro duma caverna cuja abóbada é o céu
E parece narrar todas as sinistras coisas
Que podem acontecer no Longe, no Mar, pela Noite...
(Fingias sempre que era por uma escuna que chamavas,
E dizias assim, pondo uma mão de cada lado da boca,
Fazendo porta-voz das grandes mãos curtidas e escuras:

Ahò-ò-ò-ò-ò-ò-ò-ò-ò-ò-ò — yyyy...
Schooner ahò-ò-ò-ò-ò-ò-ò-ò-ò-ò-ò — yyyy...)

Escuto-te de aqui, agora, e desperto a qualquer coisa.
Estremece o vento. Sobe a manhã. O calor abre.
Sinto corarem-me as faces.
Meus olhos conscientes dilatam-se.
O êxtase em mim levanta-se, cresce, avança,
E com um ruído cego de arruaça acentua-se
O giro vivo do volante.

Ó clamoroso chamamento
A cujo calor, a cuja fúria fervem em mim
Numa unidade explosiva todas as minhas ânsias,
Meus próprios tédios tornados dinâmicos, todos!...
Apelo lançado ao meu sangue
Dum amor passado, não sei onde, que volve

E ainda tem força para me atrair e puxar,
Que ainda tem força para me fazer odiar esta vida
Que passo entre a impenetrabilidade física e psíquica
Da gente real com que vivo!

Ah seja como for, seja por onde for, partir!
Largar por aí fora, pelas ondas, pelo perigo, pelo mar.
Ir para Longe, ir para Fora, para a Distância Abstracta.
Indefinidamente, pelas noites misteriosas e fundas,
Levado, como a poeira, plos ventos. plos vendavais!
Ir, ir, ir, ir de vez!

Todo o meu sangue raiva por asas!
Todo o meu corpo atira-se prà frente!
Galgo pla minha imaginação fora em torrentes!
Atropelo-me, rujo, precipito-me!...
Estoiram em espuma as minhas ânsias
E a minha carne é uma onda dando de encontro a rochedos!

Pensando nisto — ó raiva! pensando nisto — ó fúria!
Pensando nesta estreiteza da minha vida cheia de ânsias.
Sùbitamente, trèmulamente, extraorbitadamente.
Com uma oscilação viciosa, vasta, violenta,
Do volante vivo da minha imaginação,
Rompe, por mim, assobiando, silvando, vertiginando,
O cio sombrio e sádico da estrídula vida marítima.

Eh marinheiros, gajeiros! eh tripulantes, pilotos!
Navegadores, mareantes, marujos, aventureiros!
Eh capitães de navios! homens ao leme e em mastros!
Homens que dormem em beliches rudes!
Homens que dormem co'o Perigo a espreitar plas vigias!
Homens que dormem co'a Morte por travesseiro!
Homens que têm tombadilhos, que têm pontes donde olhar
A imensidade imensa do mar imenso!

Eh manipuladores dos guindastes de carga!
Eh amainadores de velas, fogueiros, criados de bordo!

Homens que metem a carga nos porões!
Homens que enrolam cabos no convés!
Homens que limpam os metais das escotilhas!
Homens do leme! homens das máquinas! homens dos
mastros!
Eh-eh-eh-eh-eh-eh-eh!
Gente de boné de pala! Gente de camisola de malha!
Gente de âncoras e bandeiras cruzadas bordadas no peito!
Gente tatuada! gente de cachimbo! gente de amurada!
Gente escura de tanto sol, crestada de tanta chuva,
Limpa de olhos de tanta imensidade diante deles,
Audaz de rosto de tantos ventos que lhes bateram a valer!

Eh-eh-eh-eh-eh-eh-eh!
Homens que vistes a Patagónia!
Homens que passastes pela Austrália!
Que enchestes o vosso olhar de costas que nunca verei!
Que fostes a terra em terras onde nunca descerei!
Que comprastes artigos toscos em colónias à proa de sertões!
E fizestes tudo isso como se não fosse nada!
Como se isso fosse natural,
Como se a vida fosse isso,
Como nem sequer cumprindo um destino!
Eh-eh-eh-eh-eh-eh-eh!
Homens do mar actual! homens do mar passado!
Comissários de bordo! escravos das galés! combatentes
de Lepanto!
Piratas do tempo de Roma! Navegadores da Grécia!

Fenícios! Cartagineses! Portugueses atirados de Sagres
Para a aventura indefinida, para o Mar Absoluto, para
realizar o Impossível!

Eh-eh-eh-eh-eh-eh-eh-eh-eh!
Homens que erguestes padrões, que destes nomes a cabos!
Homens que negociastes pela primeira vez com pretos!
Que primeiro vendestes escravos de novas terras!
Que destes o primeiro espasmo europeu às negras atónitas!
Que trouxestes ouro, missanga, madeiras cheirosas, setas,
De encostas explodindo em verde vegetação!
Homens que saqueastes tranquilas povoações africanas,
Que fizestes fugir com o ruído de canhões essas raças.
Que matastes, roubastes, torturastes, ganhastes
Os prémios de Novidade de quem, de cabeça baixa
Arremete contra o mistério de novos mares! Eh-eh-eh-eh-eh!
A vós todos num, a vós todos em vós todos como um,
A vós todos misturados, entrecruzados.
A vós todos sangrentos, violentos, odiados, temidos, sagrados,
Eu vos saúdo, eu vos saúdo, eu vos saúdo!
Eh-eh-eh-eh eh! Eh eh-eh-eh eh! Eh-eh-eh eh-eh-eh eh!
Eh lahô-Iahô laHO-Iahá-á-á-à-à!

Quero ir convosco, quero ir convosco,
Ao mesmo tempo com vós todos
Pra toda a parte pr'onde fostes!
Quero encontrar vossos perigos frente a frente,

Sentir na minha cara os ventos que engelharam as vossas.
Cuspir dos lábios o sal dos mares que beijaram os vossos,
Ter braços na vossa faina, partilhar das vossas tormentas,
Chegar como vós, enfim, a extraordinários portos!
Fugir convosco à civilização!
Perder convosco a noção da moral!
Sentir mudar-se no longe a minha humanidade!
Beber convosco em mares do sul
Novas selvajarias, novas balbúrdias da alma,
Novos fogos centrais no meu vulcânico espírito!

Ir convosco, despir de mim — ah! põe-te daqui pra fora! —
O meu traje de civilizado, a minha brandura de ações,
Meu medo inato das cadeias,
Minha pacífica vida,
A minha vida sentada, estática, regrada e revista!

No mar, no mar, no mar, no mar,
Eh! pôr no mar, ao vento, às vagas,
A minha vida!
Salgar de espuma arremessada pelos ventos
Meu paladar das grandes viagens.
Fustigar de água chicoteante as carnes da minha aventura.
Repassar de frios oceânicos os ossos da minha existência,
Flagelar, cortar, engelhar de ventos, de espumas, de sóis,
Meu ser ciclónico e atlântico,
Meus nervos postos como enxárcias,
Lira nas mãos dos ventos!

Sim, sim, sim... Crucificai-me nas navegações
E as minhas espáduas gozarão a minha cruz!
Atai-me às viagens como a postes
E a sensação dos postes entrará pela minha espinha
E eu passarei a senti-las num vasto espasmo passivo!
Fazei o que quiserdes de mim, logo que seja nos mares,
Sobre conveses, ao som de vagas,
Que me rasgueis, mateis, firais!
O que quero é levar prà Morte
Uma alma a transbordar de Mar,
Ébria a cair das tias coisas marítimas,
Tanto dos marujos como das âncoras, dos cabos,
Tanto das costas longínquas como do ruído dos ventos,
Tanto do Longe como do Cais, tanto dos naufrágios
Como dos tranquilos comércios,
Tanto dos mastros como das vagas,
Levar prà Morte com dor, voluptuosamente,

Um copo cheio de sanguessugas, a sugar, a sugar,
De estranhas verdes absurdas sanguessugas marítimas!

Façam enxárcias das minhas veias!
Amarras dos meus músculos!
Arranquem-me a pele, preguem-a às quilhas.
E possa eu sentir a dor dos pregos e nunca deixar de sentir!
Façam do meu coração uma flâmula de almirante
Na hora de guerra dos velhos navios!

Calquem aos pés nos conveses meus olhos arrancados!
Quebrem-me os ossos de encontro às amuradas!
Fustiguem-me atado aos mastros, fustiguem-me!
A todos os ventos de todas as latitudes e longitudes
Derramem meu sangue sobre as águas arremessadas
Que atravessam o navio, o tombadilho, de lado a lado.
Nas vascas bravas das tormentas!

Ter a audácia ao vento dos panos das velas!
Ser, como as gáveas altas, o assobio dos ventos!
A velha guitarra do Fado dos mares cheios de perigos,
Canção para os navegadores ouvirem e não repetirem!

Os marinheiros que se sublevaram
Enforcaram o capitão numa verga.
Desembarcaram um outro numa ilha deserta.
*Marooned*!
O sol dos trópicos pôs a febre da pirataria antiga
Nas minhas veias intensivas.
Os ventos da Patagónia tatuaram a minha imaginação
De imagens trágicas e obscenas.
Fogo, fogo, fogo, dentro de mim!
Sangue! sangue! sangue! sangue!
Explode todo o meu cérebro!
Parte-se-me o mundo em vermelho!

Estoiram-me com o som de amarras as veias!
E estala em mim, feroz, voraz,
A canção do Grande Pirata,
A morte berrada do Grande Pirata a cantar
Até meter pavor plas espinhas dos seus homens abaixo.
Lá da ré a morrer, e a berrar, a cantar:

*Fifteen men on the Dead Man's Chest.*
*Yo-ho ho and a bottle of rum!*

E depois a gritar, numa voz já irreal, a estoirar no ar:

*Darby M´Graw-aw-aw-aw-aw!*
*Darby M´Graw-aw-aw-aw-aw!*
*Fetch a-a-aft the ru-u-u-u-u-u-u-u-um, Darby.*

Eia, que vida essa! essa era a vida, eia!
Eh-eh-eh-eh-eh-eh-eh!
Eh-lahô-lahô-laHO-lahá-á-á-à-à!
Eh-eh-eh-eh-eh-eh-eh!

Quilhas partidas, navios ao fundo, sangue nos mares!
Conveses cheios de sangue, fragmentos de corpos!
Dedos decepados sobre amuradas!

Cabeças de crianças, aqui, acolá!
Gente de olhos fora, a gritar, a uivar!
Eh-eh-eh-eh-eh-eh-eh-eh-eh-eh!
Eh-eh-eh-eh-eh-eh-eh-eh-eh-eh!
Embrulho-me em tudo isto como uma capa no frio!
Roço-me por tudo isto como uma gata com cio por um muro!
Rujo como um leão faminto para tudo isto!
Cravo unhas, parto garras, sangro dos dentes sobre isto!
Eh-eh-eh-eh-eh-eh-eh-eh-eh-eh!

De repente estala-me sobre os ouvidos,
Como um clarim a meu lado,
O velho grito, mas agora irado, metálico,
Chamando a presa que se avista,
A escuna que vai ser tomada:

Ahó-ó-ó-ó-ó-ó-ó-ó-ó-ó-ó -yyyy...
Schooner ahó-ó-ó-ó-ó-ó-ó-ó-ó-ó-ó-ó-ó - yyyy....

O mundo inteiro não existe para mim! Ardo vermelho!
Rujo na fúria da abordagem!
Pirata-mor! César-Pirata!
Pilho, mato, esfacelo, rasgo!

Só sinto o mar, a presa, o saque!
Só sinto em mim bater, baterem-me
As veias das minhas fontes!
Escorre sangue quente a minha sensação dos meus olhos!
Eh-eh-eh-eh-eh-eh-eh-eh-eh-eh-eh!

Ah piratas, piratas, piratas!
Piratas, amai-me e odiai-me!
Misturai-me convosco, piratas!

Vossa fúria, vossa crueldade como falam ao sangue
Dum corpo de mulher que foi meu outrora e cujo cio sobrevive!

Eu queria ser um bicho representativo de todos os vossos gestos,
Um bicho que cravasse dentes nas amuradas, nas quilhas
Que comesse mastros, bebesse sangue e alcatrão nos conveses,
Trincasse velas, remos, cordame e poleame,
Serpente do mar feminina e monstruosa cevando-se nos crimes!

E há uma sinfonia de sensações incompatíveis e análogas.
Há uma orquestração no meu sangue de balbúrdias de crimes.
De estrépitos espasmados de orgias de sangue nos mares,
Furibundamente, como um vendaval de calor pelo espírito,
Nuvem de poeira quente anuviando a minha lucidez
E fazendo-me ver e sonhar isto tudo só com a pele e as veias!

Os piratas, a pirataria, os barcos, a hora,
Aquela hora marítima em que as presas são assaltadas,
E o terror dos apresados foge prà loucura — essa hora,
No seu total de crimes, terror, barcos, gente, mar, céu, nuvens,
Brisa, latitude, longitude, vozearia,
Queria eu que fosse em seu Todo meu corpo em seu Todo, sofrendo,
Que fosse meu corpo e meu sangue, compusesse meu ser em vermelho,
Florescesse como uma ferida comichando na carne irreal da minha alma!

Ah, ser tudo nos crimes! ser todos os elementos componentes
Dos assaltos aos barcos e das chacinas e das violações!
Ser quanto foi no lugar dos saques!
Ser quanto viveu ou jazeu no local das tragédias de sangue!
Ser o pirata-resumo de toda a pirataria no seu auge,
E a vítima-síntese, mas de carne e osso, de todos os piratas do mundo!

Ser o meu corpo passivo a mulher-todas-as-mulheres
Que foram violadas, mortas, feridas, rasgadas pelos piratas!
Ser no meu ser subjugado a fêmea que tem de ser deles
E sentir tudo isso — todas estas coisas duma só vez — pela espinha!

Ó meus peludos e rudes heróis da aventura e do crime!
Minhas marítimas feras, maridos da minha imaginação!
Amantes casuais da obliquidade das minhas sensações!
Queria ser Aquela que vos esperasse nos portos,
A vós, odiados amados do seu sangue de pirata nos sonhos!
Porque ela teria convosco mas só em espírito, raivado
Sobre os cadáveres nus das vítimas que fazeis no mar!
Porque ela teria acompanhado vosso crime, e na orgia
oceânica
Seu espírito de bruxa dançaria invisível em volta dos gestos
Dos vossos corpos, dos vossos cutelos, das vossas mãos
estranguladoras!
E ela em terra, esperando-vos, quando viésseis, se acaso
viésseis.
Iria beber nos rugidos do vosso amor todo o vasto,
Todo o nevoento e sinistro perfume das vossas vitórias,
E através dos vossos espasmos silvaria um sabbat de ver-
melho e amarelo!
A carne rasgada, a carne aberta e estripada, o sangue
correndo!
Agora, no auge conciso de sonhar o que vós fazíeis,
Perco-me todo de mim, já não vos pertenço, sou vós,
A minha femininidade que vos acompanha é ser as vos-
sas almas!
Estar por dentro de toda a vossa ferocidade, quando a
praticáveis!
Sugar por dentro a vossa consciência das vossas sensações
Quando tingíeis de sangue os mares altos,
Quando de vez em quando atiráveis aos tubarões
Os corpos vivos ainda dos feridos, a carne rosada das
crianças
E leváveis as mães às amuradas para verem o que lhes
acontecia!

Estar convosco na carnagem, na pilhagem!
Estar orquestrado convosco na sinfonia dos saques!

Ah, não sei quê, não sei quanto queria eu ser de vós!
Não era só ser-vos a fêmea, ser-vos as fêmeas, ser-vos as vítimas,
Ser-vos as vítimas — homens, mulheres, crianças, navios —,
Não era só ser a hora e os barcos e as ondas,
Não era só ser vossas almas, vossos corpos, vossa fúria, vossa posse,
Não era só ser concretamente vosso abstrato de orgia,
Não era só isto que eu queria ser — era mais que isto o Deus-isto!
Era preciso ser Deus, o Deus dum culto ao contrário,
Um Deus monstruoso e satânico, um Deus dum panteísmo de sangue,
Para poder encher toda a medida da minha fúria imaginativa,
Para poder nunca esgotar os meus desejos de identidade
Com o cada, e o tudo, e o mais-que-tudo das vossas vitórias!

Ah, torturai-me para me curardes!
Minha carne — fazei dela o ar que os vossos cutelos atravessam
Antes de caírem sobre as cabeças e os ombros!
Minhas veias sejam os fatos que as facas trespassam!
Minha imaginação o corpo das mulheres que violais!
Minha inteligência o convés onde estais de pé matando!
Minha vida toda, no seu conjunto nervoso, histérico, absurdo,
O grande organismo de que cada acto de pirataria que se cometeu
Fosse uma célula consciente — e todo eu turbilhonasse
Como uma imensa podridão ondeando, e fosse aquilo tudo!

Com tal velocidade desmedida, pavorosa,
A máquina de febre das minhas visões transbordantes
Gira agora que a minha consciência, volante,
É apenas um nevoento círculo assobiando no ar.

*Fifteen men on the Dead Man´s Chest.*
*Yo-ho ho and a bottle of rum!*

Eh-lahô-lahô-laHO — lahá-á-ááá — ààà...

Ah! a selvajaria desta selvajaria! Merda
Pra toda a vida como a nossa, que não é nada disto!
Eu prà'qui engenheiro, prático à força, sensível a tudo,
Prà'qui parado, em relação a vós, mesmo quando ando;
Mesmo quando ajo, inerte; mesmo quando me imponho, débil;
Estático, quebrado, dissidente cobarde da vossa Glória,
Da vossa grande dinâmica estridente, quente e sangrenta!

Arre! por não poder agir de acordo com o meu delírio!
Arre! por andar sempre agarrado às saias da civilização!
Por andar com a *douceur des moeurs* às costas, como um fardo de rendas!
Moços de esquina — todos nós o somos — do humanitarismo moderno!

Estupores de tísicos, de neurasténicos, de linfáticos,
Sem coragem para ser gente com violência e audácia,
Com a alma como uma galinha presa por uma perna!

Ah, os piratas! os piratas!
A ânsia do ilegal unido ao feroz,
A ânsia das coisas absolutamente cruéis e abomináveis,
Que rói como um cio abstracto os nossos corpos franzinos,
Os nossos nervos femininos e delicados,
E põe grandes febres loucas nos nossos olhares vazios!

Obrigai-me a ajoelhar diante de vós!
Humilhai-me e batei-me!
Fazei de mim o vosso escravo e a vossa coisa!
E que o vosso desprezo por mim nunca me abandone,
Ó meus senhores! ó meus senhores!

Tomar sempre gloriosamente a parte submissa
Nos acontecimentos de sangue e nas sensualidades estiradas!
Desabai sobre mim, como grandes muros pesados,
Ó bárbaros do antigo mar!
Rasgai-me e feri-me!
De leste a oeste do meu corpo
Riscai de sangue a minha carne!

Beijai com cutelos de bordo e açoites e raiva
O meu alegre terror carnal de vos pertencer.
A minha ânsia masoquista em me dar à vossa fúria,
Em ser objecto inerte e sentiente da vossa omnívora crueldade,
Dominadores, senhores, imperadores, corcéis!
Ah, torturai-me;
Rasgai-me e abri-me!
Desfeito em pedaços conscientes
Entornai-me sobre os conveses,
Espalhai-me nos mares, deixai-me
Nas praias ávidas das ilhas!

Cevai sobre mim todo o meu misticismo de vós!
Cinzelai a sangue a minha alma
Cortai, riscai!
Ó tatuadores da minha imaginação corpórea!
Esfoladores amados da minha carnal submissão!
Submetei-me como quem mata um cão a pontapés!
Fazei de mim o poço para o vosso desprezo de domínio!

Fazei de mim as vossas vítimas todas!
Como Cristo sofreu por todos os homens, quero sofrer
Por todas as vossas vítimas às vossas mãos,
Às vossas mãos calosas, sangrentas e de dedos decepados
Nos assaltos bruscos de amuradas!

Fazei de mim qualquer cousa como se eu fosse
Arrastado — ó prazer, ó beijada dor!
Arrastado à cauda de cavalos chicoteados por vós...
Mas isto no mar, isto no ma-a-a-ar, isto no MA-A-A-AR!
Eh-eh-eh-eh-eh! Eh-eh-eh-eh-eh-eh-eh! EH-EH-EH-EH-
EH-EH! No MA-A-A-A-AR!
Yeh eh-eh-eh-eh-eh! Yeh-eh-eh-eh-eh-eh! Yeh-eh-eh-eh-
eh-eh-eh!
Grita tudo! tudo a gritar! ventos, vagas, barcos,
Marés, gáveas, piratas, a minha alma, o sangue, e o ar, e o ar!
Eh-eh-eh-eh! Yeh-eh-eh-eh-eh! Yeh-eh-eh-eh-eh-eh!
Tudo canta a gritar!

FIFTEEN MEN ON THE DEAD MAN'SCHEST.
YO-HO-HO AND A BOTTLE OF RUM!

Eh-eh eh-eh-eh-eh-eh! Eh-eh-eh-eh-eh-eh-eh! Eh eh-eh
eh-eh-eh-eh!
Eh-lahô-lahô-laHO-O-O-ôô-lahá-á á — ààà!

AHó-ó-ó ó ó ó-ó ó ó ó ó — yyy!...
SCHOONER AHÓ-ó-ó-ó-ó-ó-ó-ó-ó-ó — yyyy!...

Darby M'Graw-aw-aw-aw-aw-aw!
DARBY M'GRAW-AW AW-AW-AW-AW-AW!
FETCH A-A-AFT THE RU-U-U-U-UM, DARBY!

Eh-eh-eh-eh-eh-eh-eh-eh-eh-eh eh-eh-eh!
EH-EH EH-EH-EH EH-EH EH-EH EH-EH-EH!
EH-EH-EH-EH-EH-EH-EH-EH-EH EH EH-EH!
EH-EH-EH-EH-EH-EH-EH-EH-EH-EH-EH-EH!

EH-EH-EH-EH-EH-EH-EH-EH-EH-EH-EH!

Parte-se em mim qualquer coisa. O vermelho anoiteceu.
Senti demais para poder continuar a sentir.

Esgotou-se-me a alma, ficou só um eco dentro de mim.
Decresce sensivelmente a velocidade do volante.
Tiram-me um pouco as mãos dos olhos os meus sonhos.
Dentro de mim há um só vácuo, um deserto, um mar nocturno.
E logo que sinto que há um mar nocturno dentro de mim,
Sabe dos longes dele, nasce do seu silêncio,
Outra vez, outra vez o vasto grito antiquíssimo.
De repente, como um relâmpago de som, que não faz
barulho mas ternura.

Subitamente abrangendo todo o horizonte marítimo
Húmido e sombrio marulho humano nocturno.
Voz de sereia longínqua chorando, chamando,
Vem do fundo do Longe, do fundo do Mar, da alma dos Abismos.
E à tona dele. como algas, bóiam meus sonhos desfeitos...

Ahò-ò-ò-ò-ò-ò-ò-ò-ò-ò — yy...
Schooner ahò-ò-ò-ò-ò-ò-ò-ò-ò-*ò-ò-ò-ò* — yy......

Ah, o orvalho sobre a minha excitação!
O frescor nocturno no meu oceano interior!
Eis tudo em mim de repente ante uma noite no mar
Cheia de enorme mistério humaníssimo das ondas nocturnas.
A lua sobe no horizonte
E a minha infância feliz acorda, como uma lágrima, em mim.
O meu passado ressurge, como se esse grito marítimo
Fosse um aroma, uma voz, o eco duma canção
Que fosse chamar ao meu passado
Por aquela felicidade que nunca mais tornarei a ter.

Era na velha casa sossegada ao pé do rio...
(As janelas do meu quarto, e as da casa-de-jantar também,
Davam, por sobre umas casas baixas, para o rio próximo,

Para o Tejo, este mesmo Tejo, mas noutro ponto, mais abaixo...
Se eu agora chegasse às mesmas janelas não chegava às mesmas Janelas.
Aquele tempo passou como o fumo dum vapor no mar alto...)

Uma inexplicável ternura,
Um remorso comovido e lacrimoso,
Por todas aquelas vítimas — principalmente as crianças —
Que sonhei fazendo ao sonhar-me pirata antigo.
Emoção comovida, porque elas foram minhas vítimas;
Terna e suave, porque não o foram realmente;

Uma ternura confusa, como um vidro embaciado, azulada,
Canta velhas canções na minha pobre alma dolorida.
Ah, como pude eu pensar, sonhar aquelas coisas?
Que longe estou do que fui há uns momentos!
Histeria das sensações — ora estas, ora as opostas!
Na loura manhã que se ergue, como o meu ouvido só escolhe
As cousas de acordo com esta emoção — o marulho das águas,
O marulho leve das águas do rio de encontro aos cais...,
A vela passando perto do outro lado do rio,
Os montes longínquos, dum azul japonês,
As casas de Almada,
E o que há de suavidade e de infância na hora matutina!...

Uma gaivota que passa,
E a minha ternura é maior.

Mas todo este tempo não estive a reparar para nada.
Tudo isto foi uma impressão só da pele, como uma carícia
Todo este tempo não tirei os olhos do meu sonho longínquo.
Da minha casa ao pé do rio,

Da minha infância ao pé do rio,
Das janelas do meu quarto dando para o rio de noite.
E a paz do luar esparso nas águas!..

Minha velha tia, que me amava por causa do filho que perdeu...,
Minha velha tia costumava adormecer-me cantando-me
(Se bem que eu fosse já crescido demais para isso)...
Lembro-me e as lágrimas caem sobre o meu coração e lavam-no da vida,
E ergue-me uma leve brisa marítima dentro de mim.
Às vezes ela cantava a «Nau Catrineta»:

*Lá vai a Nau Catrineta*
*Por sobre as águas do mar...*

E outras vezes, numa melodia muito saudosa e tão medieval,
Era a «Bela Infanta»... Relembro, e a pobre velha voz ergue-se dentro de mim
E lembra-me que pouco me lembrei dela depois, e ela amava-me tanto!
Como fui ingrato para ela — e afinal que fiz eu da vida?
Era a «Bela Infanta»... Eu fechava os olhos, e ela cantava:

*Estando a Bela Infanta*
*No seu jardim assentada*

Eu abria um pouco os olhos e via a janela cheia de luar
E depois fechava os olhos outra vez, e em tudo isto era feliz.

*Estando a Bela Infanta*
*No seu jardim assentada,*
*Seu pente de ouro na mão,*
*Seus cabelos penteava*

Ó meu passado de infância, boneco que me partiram!
Não poder viajar pra o passado, para aquela casa e aquela afeição,
E ficar lá sempre, sempre criança e sempre contente!

Mas tudo isto foi o Passado, lanterna a uma esquina de rua velha.
Pensar isto faz frio, faz fome duma cousa que se não pode obter.
Dá-me não sei que remorso absurdo pensar nisto.
Oh turbilhão lento de sensações desencontradas!
Vertigem ténue de confusas coisas na alma!
Fúrias partidas, ternuras como carrinhos de linha com que as crianças brincam,
Grandes desabamentos de imaginação sobre os olhos dos sentidos,
Lágrimas, lágrimas inúteis,
Leves brisas de contradição roçando pela face a alma...

Evoco, por um esforço voluntário, para sair desta emoção.
Evoco, com um esforço desesperado, seco, nulo,
A canção do Grande Pirata, quando estava a morrer;

*Fifteen men on the Dead Man´s Chest.*
*Yo-ho-ho and a bottle of rum!*

Mas a canção é uma linha recta mal traçada dentro de mim...
Esforço-me e consigo chamar outra vez ante os meus olhos na alma,
Outra vez, mas através duma imaginação quase literária,
A fúria da pirataria, da chacina, o apetite, quase o paladar, do saque,
Da chacina inútil de mulheres e de crianças,
Da tortura fútil, e só para nos distrairmos, dos passageiros pobres

E a sensualidade de escangalhar e partir as coisas mais
queridas dos outros,
Mas sonho isto tudo com um medo de qualquer coisa a
respirar-me sobre a nuca.

Lembro-me de que seria interessante
Enforcar os filhos à vista das mães
(Mas sinto-me sem querer as mães deles),
Enterrar vivas nas ilhas desertas as crianças de quatro anos
Levando os pais em barcos até lá para verem
(Mas estremeço, lembrando-me dum filho que não tenho
e está dormindo tranquilo em casa).

Aguilhoo uma ânsia fria dos crimes marítimos.
Duma inquisição sem a desculpa da Fé,
Crimes nem sequer com razão de ser de maldade e de fúria,

Feitos a frio, nem sequer para ferir, nem sequer para fazer
mal,
Nem sequer para nos divertirmos, mas apenas para passar o tempo, como quem faz paciências a uma mesa de jantar de província com a toalha atirada pra o outro lado
da mesa depois de jantar,
Só pelo suave gosto de cometer crimes abomináveis e
não os achar grande coisa,
De ver sofrer até ao ponto da loucura e da morte-pelador mas nunca deixar chegar lá...
Mas a minha imaginação recusa-se a acompanhar-me.
Um calafrio arrepia-me.
E de repente, mais de repente do que da outra vez, de
mais longe, de mais fundo,
De repente — oh pavor por todas as minhas veias! —,
Oh frio repentino da porta para o Mistério que se abriu
dentro de mim e deixou entrar uma corrente de ar!
Lembro-me de Deus, do Transcendental da vida, e de
repente

A velha voz do marinheiro inglês Jim Barns com quem eu falava,
Tornada voz das ternuras misteriosas dentro de mim, das pequenas coisas de regaço de mãe e de fita de cabelo de irmã,
Mas estupendamente vinda de além da aparência das coisas,
A Voz surda e remota tornada A Voz Absoluta, a Voz Sem Boca,
Vinda de sobre e de dentro da solidão nocturna dos mares,
Chama por mim, chama por mim, chama por mim...

Vem surdamente, como se fosse suprimida e se ouvisse,
Longinquamente, como se estivesse soando noutro lugar e aqui não se pudesse ouvir,

Como um soluço abafado, uma luz que se apaga, um hálito silencioso,
De nenhum lado do espaço, de nenhum local no tempo,
O grito eterno e nocturno, o sopro fundo e confuso:

Ahô-ô-ô-ô-ô-ô-ô-ô-ô-ô-ô-ô — yyy......
Ahô-ô-ô-ô-ô-ô-ô-ô-ô-ô-ô-ô-ô-ô-ô — — yyy......
Schooner ah-ô-ô-ô-ô-ô-ô-ô-ô-ô-ô-ô-ô-ô-ô-ô — —yy.......

Tremo com frio da alma repassando-me o corpo
E abro de repente os olhos, que não tinha fechado.
Ah, que alegria a de sair dos sonhos de vez!
Eis outra vez o mundo real, tão bondoso para os nervos!
Ei-lo a esta hora matutina em que entram os paquetes que chegam cedo.

Já não me importa o paquete que entrava. Ainda está longe.
Só o que está perto agora me lava a alma.
A minha imaginação higiénica, forte, prática,
Preocupa-se agora apenas com as coisas modernas e úteis,
Com os navios de carga, com os paquetes e os passageiros,

Com as fortes coisas imediatas, modernas, comerciais, verdadeiras.
Abranda o seu giro dentro de mim o volante.

Maravilhosa vida marítima moderna,
Toda limpeza, máquinas e saúde!

Tudo tão bem arranjado, tão espontâneamente ajustado,
Todas as peças das máquinas, todos os navios pelos mares,
Todos os elementos da actividade comercial de exportação e importação

Tão maravilhosamente combinando-se
Que corre tudo como se fosse por leis naturais,
Nenhuma coisa esbarrando com outra!

Nada perdeu a poesia. E agora há a mais as máquinas
Com a sua poesia também, e todo o novo género de vida
Comercial, mundana, intelectual, sentimental,
Que a era das máquinas veio trazer para as almas.
As viagens agora são tão belas como eram dantes
E um navio será sempre belo, só porque é um navio.
Viajar ainda é viajar e o longe está sempre onde esteve
Em parte nenhuma, graças a Deus!

Os portos cheios de vapores de muitas espécies!
Pequenos, grandes, de várias cores, com várias disposições de vigias,
De tão deliciosamente tantas companhias de navegação!
Vapores nos portos, tão individuais na separação destacada dos ancoramentos!
Tão prazenteiro o seu garbo quieto de cousas comerciais que andam no mar,
No velho mar sempre o homérico, ó Ulisses!

O olhar humanitário dos faróis na distância da noite,
Ou o súbito farol próximo na noite muito escura
(Que perto da terra que estávamos passando!» E o som
da água canta-nos ao ouvido)!...
Tudo isto hoje é como sempre foi, mas há o comércio;
E o destino comercial dos grandes vapores
Envaidece-me da minha época!
A mistura de gente a bordo dos navios de passageiros
Dá-me o orgulho moderno de viver numa época onde é tão
fácil
Misturarem-se as raças, transporem-se os espaços, ver com
facilidade todas as coisas,
E gozar a vida realizando um grande número de sonhos.

Limpos, regulares, modernos como um escritório com
*guichets* em redes de arame amarelo,
Meus sentimentos agora, naturais e comedidos como
*gentlemen*.
São práticos, longe de desvairamentos, enchem de ar
marítimo os pulmões,
Como gente perfeitamente consciente de como é higié-
nico respirar o ar do mar.

O dia é perfeitamente já de horas de trabalho,
Começa tudo a movimentar-se, a regularizar-se.

Com um grande prazer natural e directo percorro a alma
Todas as operações comerciais necessárias a um embar-
que de mercadorias:
A minha época é o carimbo que levam todas as facturas,
E sinto que todas as cartas de todos os escritórios
Deviam ser endereçadas a mim.

Um conhecimento de bordo tem tanta individualidade,
E uma assinatura de comandante de navio é tão bela e
moderna!

Rigor comercial do princípio e do fim das cartas:
Dear Sirs — Messieurs — Amigos e Srs.,
Yours faithfully — ... nos salutation empressées...
Tudo isto não é só humano e limpo, mas também belo,
E tem ao fim um destino marítimo, um vapor onde embarquem
As mercadorias de que as cartas e as facturas tratam.

Complexidade da vida! As facturas são feitas por gente
Que tem amores, ódios, paixões políticas, às vezes crimes —
E são tão bem escritas, tão alinhadas, tão independentes de tudo isso!

Há quem olhe para uma factura e não sinta isto.
Com certeza que tu, Cesário Verde, o sentias.
Eu é até às lágrimas que o sinto humanissimamente.
Venham dizer-me que não há poesia no comércio, nos escritórios!
Ora, ela entra por todos os poros... Neste ar marítimo respiro-a,
Por tudo isto vem a propósito dos vapores, da navegação moderna,
Porque as facturas e as cartas comerciais são o princípio da história
E os navios que levam as mercadorias pelo mar eterno são o fim.

Ah, e as viagens, as viagens de recreio, e as outras,
As viagens por mar, onde todos somos companheiros dos outros
Duma maneira especial, *como* se um mistério marítimo
Nos aproximasse as almas e nos tornasse um momento
Patriotas transitórios duma mesma pátria incerta,
Eternamente deslocando-se sobre a imensidade das águas!

Grandes hotéis do Infinito, oh transatlânticos meus!
Com o cosmopolitismo perfeito e total de nunca pararem num ponto
E conterem todas as espécies de trajes, de caras, de raças!
As viagens, os viajantes — tantas espécies deles!
Tanta nacionalidade sobre o mundo! tanta profissão! tanta gente!
Tanto destino diverso que se pode dar à vida,
À vida, afinal, no fundo sempre, sempre a mesma!
Tantas caras curiosas! Todas as caras são curiosas
E nada traz tanta religiosidade como olhar muito para gente.
A fraternidade afinal não é uma ideia revolucionária.
É uma coisa que a gente aprende pela vida fora, onde tem que tolerar tudo,

E passa a achar graça ao que tem que tolerar,
E acaba quase a chorar de ternura sobre o que tolerou!
Ah, tudo isto é belo, tudo isto é humano e anda ligado
Aos sentimentos humanos, tão conviventes e burgueses.
Tão complicadamente simples, tão metafisicamente tristes!
A vida flutuante, diversa, acaba por nos educar no humano.
Pobre gente! pobre gente toda a gente!

Despeço-me desta hora no corpo deste outro navio
Que vai agora saindo. É um *tramp-steamer* inglês,
Muito sujo, como se fosse um navio francês,
Com um ar simpático de proletário dos mares,
E sem dúvida anunciado ontem na última página das gazetas.

Enternece-me o pobre vapor, tão humilde vai ele e tão natural.
Parece ter um certo escrúpulo não sei em quê, ser pessoa honesta,
Cumpridora duma qualquer espécie de deveres.

Lá vai ele deixando o lugar defronte do cais onde estou.
Lá vai ele tranquilamente, passando por onde as naus estiveram
Outrora, outrora...
Para Cardiff? Para Liverpool? Para Londres? Não tem importância.

Ele faz o seu dever. Assim façamos nós o nosso. Bela vida!
Boa viagem! Boa viagem!
Boa viagem, meu pobre amigo casual, que me fizeste o favor
De levar contigo a febre e a tristeza dos meus sonhos,
E restituir-me à vida para olhar para ti e te ver passar.
Boa viagem! Boa viagem! A vida é isto...

Que aprumo tão natural, tão inevitàvelmente matutino
Na tua saída do porto de Lisboa, hoje!
Tenho-te uma afeição curiosa e grata por isso...

Por isso quê? Sei lá o que é!.. Vai... Passa...
Com um ligeiro estremecimento,
(T-t—t—t——t——t... )
O volante dentro de mim pára.

Passa, lento vapor, passa e não fiques...
Passa de mim, passa da minha vista,
Vai-te de dentro do meu coração,
Perde-te no Longe, no Longe, bruma de Deus,
Perde-te, segue o teu destino e deixa-me...
Eu quem sou para que chore e interrogue?
Eu quem sou para que te fale e te ame?
Eu quem sou para que me perturbe ver-te?
Larga do cais, cresce o sol, ergue-se ouro,
Luzem os telhados dos edifícios do cais,
Todo o lado de cá da cidade brilha...
Parte, deixa-me, torna-te

Primeiro o navio a meio do rio, destacado e nítido,
Depois o navio a caminho da barra, pequeno e preto,
Depois ponto vago no horizonte (ó minha angústia!),
Ponto cada vez mais vago no horizonte...,
Nada depois, e só eu e a minha tristeza,
E a grande cidade agora cheia de sol
E a hora real e nua como um cais já sem navios,
E o giro lento do guindaste que, como um compasso que gira,
Traça um semicírculo de não sei que emoção
No silêncio comovido da minh'alma...

## *SAUDAÇÃO A WALT WHITMAN*

Portugal-Infinito, onze de Junho de mil novecentos e quinze... Hé-lá-á-á-á-á-á-á!

De aqui de Portugal, todas as épocas no meu cérebro,
Saúdo-te, Walt, saúdo-te, meu irmão em Universo,
Eu, de monóculo e casaco exageradamente cintado,
Não sou indigno de ti, bem o sabes, Walt,
Não sou indigno de ti, basta saudar-te para o não ser...
Eu tão contíguo à inércia, tão fàcilmente cheio de tédio,
Sou dos teus, tu bem sabes, e compreendo-te e amo-te,
E embora te não conhecesse, nascido pelo ano em que morrias,
Sei que me amaste também, que me conheceste, e estou contente.
Sei que me conheceste, que me contemplaste e me explicaste,
Sei que é isso que eu sou, quer em Brooklyn Ferry dez anos antes de eu nascer,
Quer pela rua do Ouro acima pensando em tudo que não é a rua do Ouro,
E conforme tu sentiste tudo, sinto tudo, e cá estamos de mãos dadas,
De mãos dadas, Walt, de mãos dadas, dançando o universo na alma.

Ó sempre moderno e eterno, cantor dos concretos absolutos,
Concubina fogosa do universo disperso,
Grande pederasta roçando-te contra a diversidade das coisas,
Sexualizado pelas pedras, pelas árvores, pelas pessoas, pelas profissões,

Cio das passagens, dos encontros casuais, das meras observações,
Meu entusiasta pelo conteúdo de tudo,
Meu grande herói entrando pela Morte dentro aos pinotes,
E aos urros, e aos guinchos, e aos berros saudando Deus!
Cantor da fraternidade feroz e terna com tudo,
Grande democrata epidérmico, contíguo a tudo em corpo e alma,
Carnaval de todas as acções, bacanal de todos os propósitos,
Irmão gémeo de todos os arrancos,
Jean-Jacques Rousseau do mundo que havia de produzir máquinas,
Homero do *insaisissable* do flutuante carnal,
Shakespeare da sensação que começa a andar a vapor,
Milton-Shelley do horizonte da Electricidade futura!
Íncubo de todos os gestos,
Espasmo pra dentro de todos os objectos-força,
*Souteneur* de todo o Universo,
Rameira de todos os sistemas solares...

Quantas vezes eu beijo o teu retrato!
Lá onde estás agora (não sei onde é mas é Deus)
Sentes isto, sei que o sentes, e os meus beijos são mais quentes em gente)
E tu assim é que os queres, meu velho, e agradeces de lá, —
Sei-o bem, qualquer coisa mo diz, um agrado no meu espírito

Uma erecção abstracta e indirecta no fundo da minha alma.

Nada do *engageant* em ti, mas ciclópico e musculoso,
Mas perante o Universo a tua atitude era de mulher,
E cada erva, cada pedra, cada homem era para ti o Universo.

Meu velho Walt, meu grande Camarada, evohé!
Pertenço à tua orgia báquica de sensações-em-liberdade,
Sou dos teus, desde a sensação dos meus pés até à náusea em meus sonhos,
Sou dos teus, olha pra mim, de aí desde Deus vês-me ao contrário:
De dentro para fora... Meu corpo é o que adivinhas, vês a minha alma —
Essa vês tu propriamente e através dos olhos dela o meu corpo —
Olha pra mim: tu sabes que eu, Álvaro de Campos, engenheiro,
Poeta sensacionista,

Não sou teu discípulo, não sou teu amigo, não sou teu cantor,
Tu sabes que eu sou Tu e estás contente com isso!

Nunca posso ler os teus versos a fio... Há ali sentir demais...
Atravesso os teus versos como uma multidão aos encontrões a mim,
E cheira-me a suor, a óleos, a actividade humana e mecânica.
Nos teus versos, a certa altura não sei se leio ou se vivo,
Não sei se o meu lugar real é no mundo ou nos teus versos,

Não sei se estou aqui, de pé sobre a terra natural,
Ou de cabeça pra baixo, pendurado numa espécie de estabelecimento,

No tecto natural da tua inspiração de tropel,
No centro do tecto da tua intensidade inacessível.

Abram-me todas as portas!
Por força que hei-de passar!
Minha senha? Walt Whitman!

Mas não dou senha nenhuma...
Passo sem explicações...
Se for preciso meto dentro as portas...
Sim — eu, franzino e civilizado, meto dentro as portas,

Porque neste momento não sou franzino nem civilizado,
Sou EU, um universo pensante de carne e osso, querendo passar,
E que há-de passar por força, porque quando quero passar sou Deus!

Tirem esse lixo da minha frente!
Metam-me em gavetas essas emoções!
Daqui pra fora, políticos, literatos,
Comerciantes pacatos, polícia, meretrizes, *souteneurs*,
Tudo isso é a letra que mata, não o espírito que dá a vida.
O espírito que dá a vida neste momento sou EU!

Que nenhum filho da... se me atravesse no caminho!
O meu caminho é pelo infinito fora até chegar ao fim!
Se sou capaz de chegar ao fim ou não, não é contigo,
É comigo, com Deus, com o sentido — eu da palavra Infinito...
Prà frente!
Meto esporas!
Sinto as esporas, sou o próprio cavalo em que monto,
Porque eu, por minha vontade de me consubstanciar com Deus,
Posso ser tudo, ou posso ser nada, ou qualquer coisa,
Conforme me der na gana... Ninguém tem nada com isso...
Loucura furiosa! Vontade de ganir, de saltar,
De urrar, zurrar, dar pulos, pinotes, gritos com o corpo,
De me *cramponner* às rodas dos veículos e meter por baixo,
De me meter adiante do giro do chicote que vai bater,

De ser a cadela de todos os cães e eles não bastam,
De ser o volante de todas as máquinas e a velocidade
tem limite,
De ser o esmagado, o deixado, o deslocado, o acabado,
Dança comigo, Walt, lá do outro mundo, esta fúria,
Salta comigo neste batuque que esbarra com os astros,
Cai comigo sem forças no chão,
Esbarra comigo tonto nas paredes,
Parte-te e esfrangalha-te comigo
Em tudo, por tudo, à roda de tudo, sem tudo,
Raiva abstracta do corpo fazendo *maelstrons* na alma...

Arre! Vamos lá prà frente!
Se o próprio Deus impede, vamos lá prà frente...
Não faz diferença...

Vamos lá prà frente sem ser para parte nenhuma...
Infinito! Universo! Meta sem meta! Que importa?

(Deixa-me tirar a gravata e desabotoar o colarinho.
Não se pode ter muita energia com a civilização à roda
do pescoço... )

Agora, sim, partamos, vá lá prà frente.

Numa grande *marche aux flambeaux*-todas-as-cidades-
da-Europa,
Numa grande marcha guerreira a indústria, o comércio
e ócio,
Numa grande corrida, numa grande subida, numa gran-
de descida

Estrondeando, pulando, e tudo pulando comigo,
Salto a saudar-te,
Berro a saudar-te,
Desencadeio-me a saudar-te, aos pinotes, aos pinos, aos
guinos!

Por isso é a ti que endereço
Meus versos soltos, meus versos pulos, meus versos es-
pasmos
Os meus versos-ataques-histéricos,
Os meus versos que arrastam o carro dos meus nervos.

Aos trambolhões me inspiro,
Mal podendo respirar, ter-me de pé me exalto,
E os meus versos são eu não poder estoirar de viver.

Abram-me todas as janelas!
Arranquem-me todas as portas!
Puxem a casa toda para cima de mim!
Quero viver em liberdade no ar,
Quero ter gestos fora do meu corpo,
Quero correr como a chuva pelas paredes abaixo,
Quero ser pisado nas estradas largas como as pedras,
Quero ir, como as coisas pesadas, para o fundo dos mares,
Com uma voluptuosidade que já está longe de mim!

Não quero fechos nas portas!
Não quero fechaduras nos cofres!
Quero intercalar-me, imiscuir-me, ser levado,
Quero que me façam pertença doída de qualquer outro,
Que me despejem dos caixotes,
Que me atirem aos mares,
Que me vão buscar a casa com fins obscenos,
Só para não estar sempre aqui sentado e quieto,
Só para não estar simplesmente escrevendo estes versos!

Não quero intervalos no mundo!
Quero a contiguidade penetrada e material dos objectos!
Quero que os corpos físicos sejam uns dos outros como
as almas,
Não só dinâmicamente, mas estàticamente também!

Quero voar e cair de muito alto!
Ser arremessado como uma granada!
Ir parar a... Ser levado até...
Abstracto auge no fim de mim e de tudo!

Clímax a ferro e motores!
Escadaria pela velocidade acima, sem degraus!
Bomba hidráulica desancorando-me as entranhas sentidas!

Ponham-me grilhetas só para eu as partir!
Só para eu as partir com os dentes, e que os dentes sangrem
Gozo masoquista, espasmódico a sangue, da vida!

Os marinheiros levaram-me preso,
As mãos apertaram-me no escuro,
Morri temporàriamente de senti-lo,
Seguiu-se, a minh'alma a lamber o chão do cárcere privado,
E a cegarrega das impossibilidades contornando o meu
acinte.

Pula, salta, toma o freio nos dentes,
Pégaso-ferro-em-brasa das minhas ânsias inquietas,
Paradeiro indeciso do meu destino a motores!

*He calle Walt:*

Porta pra tudo!
Ponte pra tudo!
Estrada pra tudo!
Tua alma omnívora,
Tua alma ave, peixe, fera, homem, mulher.
Tua alma os dois onde estão dois,
Tua alma o um que são dois quando dois são um,
Tua alma seta, raio, espaço,

Amplexo, nexo, sexo, Texas, Carolina, New-York,
Brooklyn Ferry à tarde,

Broklyn Ferry das idas e dos regressos,
Libertad! Democracy! Século vinte ao longe!
Pum! pum! pum! pum! pum!
PUM!

Tu, o que eras, tu o que vias, tu o que ouvias,
O sujeito e o objecto, o activo e o passivo,
Aqui e ali, em toda a parte tu,
Círculo fechando todas as possibilidades de sentir,
Marco miliário de todas as coisas que podem ser,
Deus Termo de todos os objectos que se imaginem e és tu!
Tu Hora,
Tu Minuto.
Tu Segundo!
Tu intercalado, liberto, desfraldado, ido,
Intercalamento, libertação, ida, desfraldamento,
Tu intercalador, libertador, desfraldador, remetente,
Carimbo em todas as cartas,
Nome em todos os endereços,
Mercadoria entregue, devolvida, seguindo...
Comboio de sensações a alma-quilómetro à hora,
À hora, ao minuto, ao segundo, PUM!

Agora que estou quase na morte e vejo tudo já claro.
Grande Libertador, volto submisso a ti.

Sem dúvida teve um fim a minha personalidade.
Sem dúvida porque se exprimiu, quis dizer qualquer coisa
Mas hoje, olhando para trás, só uma ânsia me fica —
Não ter tido a tua calma superior a ti-próprio,
A tua libertação constelada de Noite Infinita.

Não tive talvez missão alguma na terra.

Heia que eu vou chamar
Ao privilégio ruidoso e ensurdecedor de saudar-te

Todo o formilhamento humano do — Universo,
Todos os modos de todas as emoções,
Todos os feitios de todos os pensamentos,
Todas as rodas, todos os volantes, todos os êmbolos da alma.

Heia que eu grito
E num cortejo de Mim até ti estardalhaçam
Com uma algaravia metafísica e real,
Com um chinfrim de coisas passado por dentro sem nexo.

Ave, salve, viva ó grande bastardo de Apolo,
Amante impotente e fogoso das nove musas e das graças,
Funicular do Olímpio até nós e de nós ao Olimpo.

## *A FERNANDO PESSOA*

*Depois* de ler o seu *drama estático "O Marinheiro"* em *"Orpheu I"*

Depois de doze minutos
Do seu drama O *Marinheiro,*
Em que os mais ágeis e astutos
Se sentem com sono e brutos,
E de sentido nem cheiro,
Diz uma das veladoras
Com langorosa magia:

De eterno e belo há apenas o sonho.
Porque estamos nós falando ainda?

Ora isso mesmo é que eu ia
Perguntar a essas senhoras...

## *PASSAGEM DAS HORAS*

Trago dentro do meu coração,
Como num cofre que se não pode fechar de cheio,
Todos os lugares onde estive,
Todos os portos a que cheguei,
Todas as paisagens que vi através de janelas ou vigias,
Ou de tombadilhos, sonhando,
E tudo isso, que é tanto. é pouco para o que eu quero.

A entrada de Singapura, manhã subindo, cor verde,
O coral das Maldivas em passagem cálida,
Macau à uma hora da noite... Acordo de repente...
Yat-lô-ô-ô-ô-ô-ô-ô-ô-ô...Ghi-...
E aquilo soa-me do fundo de uma outra realidade...

A estatura norte-africana quase de Zanzibar ao sol...
Dar-es-Salaam (a saída é difícil)...
Majunga, Nossi-Bé, verduras de Madagáscar...
Tempestades em torno ao Guardafui...
E o Cabo da Boa Esperança nítido ao sol da madrugada...
E a Cidade do Cabo com a Montanha da Mesa ao fundo...

Viajei por mais terras do que aquelas em que toquei...
Vi mais paisagens do que aquelas em que pus os olhos...
Experimentei mais sensações do que todas as sensações
que senti,
Porque, por mais que sentisse, sempre me faltou que sentir
E a vida sempre me doeu, sempre foi pouco, e eu infeliz.

A certos momentos do dia recordo tudo isto e apavoro-me,
Penso em que é que me ficará desta vida aos bocados,
deste auge,

Desta estrada às curvas, deste automóvel à beira da estrada,
deste aviso,
Desta turbulência tranquila de sensações desencontradas,
Desta transfusão, desta insubsistência, desta convergência iriada,
Deste desassossego no fundo de todos os cálices,
Desta angústia no fundo de todos os prazeres,
Desta saciedade antecipada na asa de todas as chávenas,
Deste jogo de cartas fastiento entre o Cabo da Boa Esperança e as Canárias.

Não sei se a vida é pouco ou de mais para mim.
Não sei se sinto de mais ou de menos, não sei
Se me falta escrúpulo espiritual, ponto-de-apoio na inteligência.
Consanguinidade com o mistério das coisas, choque
Aos contactos, sangue sob golpes, estremeção aos ruídos,
Ou se há outra significação para isto mais cómoda e feliz.

Seja o que for, era melhor não ter nascido,
Porque, de tão interessante que é a todos os momentos,
A vida chega a doer, a enjoar, a cortar, a roçar, a ranger,
A dar vontade de dar gritos, de dar pulos, de ficar no chão,
de sair
Para fora de todas as casas, de todas as lógicas e de todas as sacadas,
E ir ser selvagem para a morte entre árvores e esquecimentos,
Entre tombos, e perigos e ausência de amanhãs,
E tudo isto devia ser qualquer outra coisa mais parecida
com o que eu penso,
Com o que eu penso ou sinto, que eu nem sei qual é, ó vida.

Cruzo os braços sobre a mesa, ponho a cabeça sobre os
braços,

É preciso querer chorar, mas não sei ir buscar as lágrimas...
Por mais que me esforce por ter uma grande pena de mim, não choro,

Tenho a alma rachada sob o indicador curvo que lhe toca...
Que há-de ser de mim? Que há-de ser de mim?

Correram o bobo a chicote do palácio, sem razão,
Fizeram o mendigo levantar-se do degrau onde caíra.
Bateram na criança abandonada e tiraram-lhe o pão das mãos.
Oh mágoa imensa do mundo, o que falta é agir...
Tão decadente, tão decadente, tão decadente...
Só estou bem quando ouço música, e nem então.
Jardins do século dezoito antes de 89,
Onde estais vós, que eu quero chorar de qualquer maneira?

Como um bálsamo que não consola seão pela ideia de que é um bálsamo,
A tarde de hoje e de todos os dias pouco a pouco, monótona, cai.

Acenderam as luzes, cai a noite, a vida substitui-se.
Seja de que maneira for, é preciso continuar a viver.
Arde-me a alma como se fosse uma mão, fisicamente.
Estou no caminho de todos e esbarram comigo.
Minha quinta na província,
Haver menos que um comboio, uma diligência e a decisão de partir entre mim e ti.
Assim fico, fico... Eu sou o que sempre quer partir,
E fica sempre, fica sempre, fica sempre,
Até à morte fica, mesmo que parta, fica, fica, fica...

Torna-me humano, ó noite, torna-me fraterno e solícito.
Só humanitàriamente é que se pode viver.
Só amando os homens, as acções, a banalidade dos trabalhos,
Só assim — ai de mim! —, só assim se pode viver.
Só assim, ó noite, e eu nunca poderei ser assim!

Vi todas as coisas, e maravilhei-me de tudo,
Mas tudo ou sobrou ou foi pouco — não sei qual — e eu sofri.
Vivi todas as emoções, todos os pensamentos, todos os gestos,
E fiquei tão triste como se tivesse querido vivê-los e não conseguisse.

Amei e odiei como toda a gente,
Mas para toda a gente isso foi normal e instintivo,
E para mim foi sempre a excepção, o choque, a válvula, o espasmo.

Vem, ó noite, e apaga-me, vem e afoga-me em ti.
ó carinhosa do Além, senhora do luto infinito,
Mágoa externa da Terra, choro silencioso do Mundo.
Mão suave e antiga das emoções sem gesto,
Irmã mais velha, virgem e triste, das ideias sem nexo,
Noiva esperando sempre os nossos propósitos incompletos.
A direcção constantemente abandonada do nosso destino,
A nossa incerteza pagã sem alegria.
A nossa fraqueza cristã sem fé,
O nosso budismo inerte, sem amor pelas coisas nem êxtases,
A nossa febre, a nossa palidez, a nossa impaciência de fracos.
A nossa vida, ó mãe, a nossa perdida vida...

Não sei sentir, não sei ser humano, conviver
De dentro da alma triste com os homens meus irmãos na terra.
Não sei ser útil mesmo sentindo, ser prático, ser quotidiano, nítido,
Ter um lugar na vida, ter um destino entre os homens,
Ter uma obra, uma força, uma vontade, uma horta,
Uma razão para descansar, uma necessidade de me distrair,
Uma cousa vinda directamente da natureza para mim.

Por isso sê para mim materna, ó noite tranquila...
Tu, que tiras o mundo ao mundo, tu que és a paz,
Tu que não existes, que és só a ausência da luz,
Tu que não és uma coisa, um lugar, uma essência, uma vida,
Penépole da teia, amanhã desfeita, da tua escuridão,
Circe irreal dos febris, dos angustiados sem causa,
Vem para mim, ó noite, estende para mim as mãos,
E sê frescor e alívio, ó noite, sobre a minha fronte...

Tu, cuja vinda é tão suave que parece um afastamento,
Cujo fluxo e refluxo de treva, quando a lua bafeja,
Tem ondas de carinho morto, frio de mares de sonho,
Brisas de paisagens supostas para a nossa angústia excessiva...
Tu, pàlidamente, tu, flébil, tu, liquidamente,
Aroma de morte entre flores, hálito de febre sobre margens,
Tu, rainha, tu, castelã, tu, dona pálida, vem...

Sentir tudo de todas as maneiras,
Viver tudo de todos os lados,
Ser a mesma coisa de todos os modos possíveis ao mesmo tempo,
Realizar em si toda a humanidade de todos os momentos
Num só momento difuso, profuso, completo e longínquo.

Eu quero ser sempre aquilo com quem simpatizo,
Eu torno-me sempre, mais tarde ou mais cedo,
Aquilo com quem simpatizo, seja uma pedra ou uma ânsia.
Seja uma flor ou uma ideia abstracta,
Seja uma multidão ou um modo de compreender Deus.
E eu simpatizo com tudo, vivo de tudo em tudo.
São-me simpáticos os homens superiores porque são superiores,
E são-me simpáticos os homens inferiores porque são superiores também
Porque ser inferior é diferente de ser superior,

E por isso é uma superioridade a certos momentos de visão.
Simpatizo com alguns homens pelas suas qualidades de carácter,
E simpatizo com outros pela sua falta dessas qualidades,
E com outros ainda simpatizo por simpatizar com eles,
E há momentos absolutamente orgânicos em que esses são todos os homens.

Sim, como sou rei absoluto na minha simpatia,
Basta que ela exista para que tenha razão de ser.
Estreito ao meu peito arfante, num abraço comovido.
(No mesmo abraço comovido)

O homem que dá a camisa ao pobre que desconhece,
O soldado que morre pela pátria sem saber o que é pátria,
E o matricida, o fratricida, o incestuoso, o violador de crianças,
O ladrão de estradas, o salteador dos mares,
O gatuno de carteiras, a sombra que espera nas vielas
Todos são a minha amante predilecta pelo menos um momento na vida.

Beijo na boca todas as prostitutas,
Beijo sobre os olhos todos os *souteneurs*,
A minha passividade jaz aos pés de todos os assassinos,
E a minha capa à espanhola esconde a retirada a todos os ladrões.
Tudo é a razão de ser da minha vida.

Cometi todos os crimes,
Vivi dentro de todos os crimes
(Eu próprio fui, não um nem o outro no vício,
Mas o próprio vício-pessoa praticado entre eles,
E dessas são as horas mais arco-de-triunfo da minha vida).

Multipliquei-me, para me sentir,
Para me sentir, precisei sentir tudo,
Transbordei, não fiz senão extravasar-me,
Despi-me, entreguei-me,
E há em cada canto da minha alma um altar a um deus diferente.

Os braços de todos os atletas apertaram-me sùbitamente feminino,
E eu só de pensar nisso desmaiei entre músculos supostos.
Foram dados na minha boca os beijos de todos os encontros,
Acenaram no meu coração os lenços de todas as despedidas,
Todos os chamamentos obscenos de gestos e olhares
Batem-me em cheio em todo o corpo com sede nos centros sexuais.
Fui todos os ascetas, todos os postos-de-parte, todos os como que esquecidos,
E todos os pederastas — absolutamente todos (não faltou nenhum).
*Rendez-vous* a vermelho e negro no fundo-inferno da minha alma!

(Freddie, eu chamava-te Baby, porque tu eras louro, branco e eu amava-te,
Quantas imperatrizes por reinar e princesas destronadas tu foste para mim!)
Mary, com quem eu lia Burns em dias tristes como sentir-se viver,
Mary, mal tu sabes quantos casais honestos, quantas famílias felizes,
Viveram em ti os meus olhos e o meu braço cingindo e a minha consciência incerta,
A sua vida pacata, as suas casas suburbanas com jardim, os seus *half-holidays* inesperados...
Mary, eu sou infeliz...

Freddie, eu sou infeliz...
Oh, vós todos, todos vós, casuais, demorados.

Quantas vezes tereis pensado em pensar em mim sem
que o fizésseis,
Ah, quão pouco eu fui no que sois, quão pouco, quão
pouco —
Sim, e o que tenho eu sido, ó meu subjectivo universo,
Ó meu sol, meu luar, minhas estrelas, meu momento,
Ó parte externa de mim perdida em labirintos de Deus!
Passa tudo, todas as coisas num desfile por mim dentro,
E todas as cidades do mundo, rumorejam-se dentro de mim...

Meu coração tribunal, meu coração mercado, meu coração
sala da Bolsa, meu coração balcão de Banco,
Meu coração *rendez-vous* de toda a humanidade,
Meu coração banco de jardim público, hospedaria, es-
talagem, calabouço número qualquer cousa
(«Aqui estuvo el Manolo en vísperas de ir al patíbulo»),
Meu coração clube, sala, plateia, capacho, *guichet*, portaló,
Ponte, cancela, excursão, marcha, viagem, leilão, feira,
arraial,
Meu coração postigo,
Meu coração encomenda,
Meu coração carta, bagagem, satisfação, entrega,
Meu coração a margem, o limite, a súmula, o índice,
Eh-lá, eh-lá, eh-lá, bazar o meu coração.

Todos os amantes beijaram-se na minh'alma,
Todos os vadios dormiram um momento em cima de mim,
Todos os desprezados encostaram-se um momento ao
meu ombro,
Atravessaram a rua, ao meu braço, todos os velhos e os
doentes,
E houve um segredo que me disseram todos os assassinos.

(Aquela cujo sorriso sugere a paz que eu não tenho,
Em cujo baixar-de-olhos há uma paisagem da Holanda.
Com as cabeças femininas *coifées* de *lin*
E todo o esforço quotidiano de um povo pacífico e limpo...
Aquela que é o anel deixado em cima da cómoda,
E a fita entalada com o fechar da gaveta,
Fita cor-de-rosa, não gosto da cor mas da fita entalada,
Assim como não gosto da vida, mas gosto de senti-la...

Dormir como um cão corrido no caminho, ao sol,
Definitivamente para todo o resto do Universo,
E que os carros me passem por cima).

Fui para a cama com todos os sentimentos,
Fui *souteneur* de todas as emoções,
Pagaram-me bebidas todos os acasos das sensações,
Troquei olhares com todos os motivos de agir,
Estive mão em mão com todos os impulsos para partir,
Febre imensa das horas!
Angústia da forja das emoções!

Raiva, espuma, a imensidão que não cabe no meu lenço,
A cadela a uivar de noite,
O tanque da quinta a passear à roda da minha insónia,
O bosque como foi à tarde, quando lá passeamos, a rosa,
A madeira indiferente, o musgo, os pinheiros,
Toda a raiva de não conter isto tudo, de não deter isto tudo,
Ó fome abstracta das coisas, cio impotente dos momentos,
Orgia intelectual de sentir a vida!

Obter tudo por suficiência divina —
As vésperas, os consentimentos, os avisos,
As cousas belas da vida —
O talento, a virtude, a impunidade,
A tendência para acompanhar os outros a casa,
A situação de passageiro,

A conveniência em embarcar já para ter lugar,
E falta sempre uma coisa, um copo, uma brisa, uma frase,
E a vida dói quanto mais se goza e quanto mais se inventa.

Poder rir, rir, rir despejadamente,
Rir como um copo entornado,
Absolutamente doido só por sentir,
Absolutamente roto por me roçar contra as coisas,
Ferido na boca por morder coisas,
Com as unhas em sangue por me agarrar a coisas,

E depois dêem-me a cela que quiserem que eu me lembrarei da vida.
Sentir tudo de todas as maneiras,
Ter todas as opiniões,
Ser sincero contradizendo-se a cada minuto,
Desagradar a si-próprio pela plena liberdade de espírito,
E amar as coisas como Deus.

Eu, que sou mais irmão de uma árvore que de um operário,
Eu, que sinto mais a dor suposta do mar ao bater na praia
Que a dor real das crianças em quem batem
(Ah, como isto deve ser falso, pobres crianças em quem batem —
E porque é que as minhas sensações se revezam tão depressa? —
Eu, enfim, que sou um diálogo contínuo,
Um falar-alto incompreensível, alta-noite na torre,
Quando os sinos oscilam vagamente sem que mão lhes toque
E faz pena saber que há vida que viver amanhã.
Eu, enfim, literalmente eu,
E eu metaforicamente também,
Eu, o poeta sensacionista, enviado do Acaso
Às leis irrepreensíveis da Vida,
Eu, o fumador de cigarros por profissão adequada,

O indivíduo que fuma ópio, que toma absinto, mas que, enfim,
Prefere pensar em fumar ópio a fumá-lo
E acha mais seu olhar para o absinto a beber que bebê-lo...
Eu, este degenerado superior sem arquivos na alma,
Sem personalidade com valor declarado,

Eu, o investigador solene das coisas fúteis,
Que era capaz de ir viver na Sibéria só por embirrar com isso,
E que acho que não faz mal não ligar importância à pátria
Porque não tenho raiz, como uma árvore, e portanto não tenho raiz...
Eu, que tantas vezes me sinto tão real como uma metáfora,
Como uma frase escrita por um doente no livro da rapariga que encontrou no terraço,
Ou uma partida de xadrez no convés dum transatlântico,
Eu, a ama que empurra os *perumbulators* em todos os jardins públicos,
Eu, o polícia que a olha, parado para trás na álea,
Eu, a criança no carro, que acena à sua inconsciência lúcida com um coral com guizos.
Eu, a paisagem por detrás disto tudo, a paz citadina
Coada através das árvores do jardim público,
Eu, o que os espera a todos em casa,
Eu, o que eles encontram na rua,
Eu, o que eles não sabem de si próprios,
Eu, aquela coisa em que estás pensando e te marca esse sorriso,
Eu, o contraditório, o fictício, a aranzel, a espuma,
O cartaz posto agora, as ancas da francesa, o olhar do padre,
O largo onde se encontram as suas ruas e os *chauffeurs* dormem contra os carros,
A cicatriz do sargento mal encarado,

O sebo na gola do explicador doente que volta para casa,
A chávena que era por onde o pequenito que morreu
bebia sempre,
E tem uma falha na asa (e tudo isto cabe num coração
de mãe e enche-o)...
Eu, o ditado de francês da pequenita que mexe nas ligas,
Eu, os pés que se tocam por baixo do *bridge* sob o lustre,
Eu, a carta escondida, o calor do lenço, a sacada com a
janela entreaberta,
O portão de serviço onde a criada fala com os desejos
do primo.
O sacana do José que prometeu vir e não veio
E a gente tinha uma partida para lhe fazer...
Eu, tudo isto, e além disto o resto do mundo...
Tanta coisa, as portas que se abrem, e a razão por que
elas se abrem.
E as coisas que já fizeram as mãos que abrem as portas...
Eu, a infelicidade — nata de todas as expressões,
A impossibilidade de exprimir todos os sentimentos,
Sem que haja uma lápida no cemitério para o irmão de
tudo isto,
E o que parece não querer dizer nada sempre quer dizer
qualquer coisa...
Sim, eu, o engenheiro naval que sou supersticioso como
uma camponesa madrinha,
E uso monóculo para não parecer igual à ideia real que
faço de mim,
Que levo às vezes três horas a vestir-me e nem por isso
acho isso natural,
Mas acho, o metafísico e se me batem à porta zango-me,
Não tanto por me interromperem a gravata como por
ficar sabendo que há a vida...
Sim, enfim, eu o destinatário das cartas lacradas,
O baú das iniciais gastas,

A intonação das vozes que nunca ouviremos mais —
Deus guarda isso tudo no Mistério, e às vezes sentimo-lo
E a vida pesa de repente e faz muito frio mais perto que o corpo.
A Brígida prima da minha tia,
O general em que elas falavam — general quando elas eram pequenas,

E a vida era guerra civil a todas as esquinas...
*Vive le mélodrame où Margot a pleuré!*
Caem as folhas secas no chão irregularmente,
Mas o facto é que sempre é Outono no Outono,
E o Inverno vem depois fatalmente,
E há só um caminho para a vida, que é a vida...

Esse velho insignificante, mas que ainda conheceu os românticos.
Esse opúsculo político do tempo das revoluções constitucionais,
E a dor que tudo isso deixa, sem que se saiba a razão
Nem haja para chorar tudo mais razão que senti-lo

Viro todos os dias todas as esquinas de todas as ruas.
E sempre que estou pensando numa coisa, estou pensando noutra.
Não me subordino senão por atavismo.
E há sempre razões para emigrar para quem não está de cama.

Das *terrasses* de todos os cafés de todas as cidades
Acessíveis à imaginação
Reparo para a vida que passa, sigo-a sem me mexer.
Pertenço-lhe sem tirar um gesto da algibeira,
Nem tomar nota do que vi para depois fingir que o vi.

No automóvel amarelo a mulher definitiva de alguém passa,
Vou ao lado dela sem ela saber.

No *trottoir* imediato eles encontram-se por um acaso
combinado,
Mas antes de o encontro deles lá estar já eu estava com
eles lá.
Não há maneira de se esquivarem a encontrar-me, não
há modo de eu não estar em toda a parte.

O meu privilégio é tudo
(*Brevetée, Sans Garantie de Dieu*, a minh'Alma).

Assisto a tudo e definitivamente.
Não há jóia para mulher que não seja comprada por
mim e para mim,
Não há intenção de estar esperando que não seja minha
de qualquer maneira.
Não há resultado de conversa que não seja meu por
acaso,
Não há toque de sino em Lisboa há trinta anos, noite de
S. Carlos há cinquenta
Que não seja para mim por uma galantaria deposta.

Fui educado pela Imaginação,
Viajei pela mão dela sempre,
Amei, odiei, falei, pensei sempre por isso,
E todos os dias têm essa janela por diante,
E todas as horas parecem minhas dessa maneira.

Cavalgada explosiva, explodida, como uma bomba que
rebenta,
Cavalgada rebentando para todos os lados ao mesmo
tempo,
Cavalgada por cima do espaço, salto por cima do tempo,
Galga, cavalo electron-ion, sistema solar resumido
Por dentro da acção dos êmbolos, por fora do giro dos
volantes.

Dentro dos êmbolos, tornado velocidade abstracta e louca,
Ajo a ferro e velocidade, vaivém, loucura, raiva contida,
Atado ao rasto de todos os volantes giro assombrosas horas,
E todo o universo range, estraleja e estropia-se em mim.

Ho-ho-ho-ho-ho!...
Cada vez mais depressa, cada vez mais com o espírito adiante do corpo

Adiante da própria ideia veloz do corpo projectado,
Com o espírito atrás adiante do corpo, sombra, chispa,
He-la-ho-ho... Helahoho...

Toda a energia é a mesma e toda a natureza é o mesmo...
A seiva da seiva das árvores é a mesma energia que mexe

As rodas da locomotiva, as rodas do eléctrico, os volantes dos Diesel.
E um carro puxado a mulas ou a gasolina é puxado pela mesma coisa.
Raiva panteísta de sentir em mim formidandamente,
Com todos os meus sentidos em ebulição, com todos os meus poros em fumo.
Que tudo é uma só velocidade, uma só energia, uma só divina linha
De si para si, parada a ciciar violências de velocidade louca...
Ho—

Ave, salve, viva a unidade veloz de tudo!
Ave, salve, viva a igualdade de tudo em seta!
Ave, salve, viva a grande máquina universo!
Ave, que sois o mesmo, árvores, máquinas, leis!
Ave, que sois o mesmo, vermes, êmbolos, ideias abstractas,
A mesma seiva vos enche, a mesma seiva vos torna,
A mesma coisa sois, e o resto é por fora e falso,

O resto, o estático resto que fica nos olhos que param,
Mas não nos meus nervos motor de explosão a óleos pesados ou leves,
Não nos meus nervos todas as máquinas, todos os sistemas de engrenagem,
Nos meus nervos locomotiva, carro eléctrico, automóvel, debulhadora a vapor,

Nos meus nervos máquina marítima, Diesel, semi-Diesel, Campbell,
Nos meus nervos instalação absoluta a vapor, a gás, a óleo e a electricidade,
Máquina universal movida por correias de todos os momentos!

Todas as madrugadas são a madrugada e a vida.
Todas as auroras raiam no mesmo lugar:
Infinito...
Todas as alegrias de ave vêm da mesma garganta,
Todos os estremecimentos de folhas são da mesma árvore,
E todos os que se levantam cedo para ir trabalhar
Vão da mesma casa para a mesma fábrica por o mesmo caminho...

Rola, bola grande, formigueiro de consciências, terra,
Rola, auroreada, entardecida, a prumo sob sóis, nocturna
Rola no espaço abstracto, na noite mal iluminada realmente
Rola...

Sinto na minha cabeça a velocidade de giro da terra,
E todos os países e todas as pessoas giram dentro de mim,
Centrífuga ânsia, raiva de ir por os ares até aos astros
Bate pancadas de encontro ao interior do meu crânio,
Põe-me alfinetes vendados por toda a consciência do meu corpo,
Faz-me levantar-me mil vezes e dirigir-me para Abstracto,

Para inencontrável, ali sem restrições nenhumas,
A Meta invisível — todos os pontos onde eu não estou —
e ao mesmo tempo...

Ah, não estar parado nem a andar.
Não estar deitado nem de pé.
Nem acordado nem a dormir,
Nem aqui nem outro ponto qualquer,
Resolver a equação desta inquietação prolixa,
Saber onde estar para poder estar em toda a parte,
Saber onde deitar-me para estar passeando por todas as ruas...

Ho-ho-ho-ho-ho-ho-ho

Cavalgada alada de mim por cima de todas as coisas,
Cavalgada estalada de mim por baixo de todas as coisas,
Cavalgada alada e estalada de mim por causa de todas
as coisas...

Hup-la por cima das árvores, hup-la por baixo dos tanques,
Hup-la contra as paredes, hup-la raspando nos troncos,
Hup-la no ar, hup-la no vento, hup-la, hup-la nas praias,
Numa velocidade crescente, insistente, violenta,
Hup-la hup-la hup-la hup-la...

Cavalgada panteísta de mim por dentro de todas as coisas,
Cavalgada energética por dentro de todas as energias,
Cavalgada de mim por dentro do carvão que se queima,
da lâmpada que arde,

Clarim claro da manhã ao fundo
Do semicírculo frio do horizonte,
Ténue clarim longínquo como bandeiras incertas
Desfraldadas para além de onde as cores são visíveis...

Clarim trémulo, poeira parada, onde a noite cessa,
Poeira de ouro parada no fundo da visibilidade...

Carro que chia limpidamente, vapor que apita,
Guindaste que começa a girar no meu ouvido,
Tosse seca, nova do que sai de casa,
Leve arrepio matutino na alegria de viver,
Gargalhada súbita velada pela bruma exterior não sei como,
Costureira fadada para pior que a manhã que sente,
Operário tísico desfeito para feliz nesta hora
Inevitàvelmente vital,
Em que o relevo das coisas é suave, certo e simpático,
Em que os muros são frescos ao contacto da mão, e as casas
Abrem aqui e ali os olhos cortinados a branco...

Toda a madrugada é uma colina que oscila,
... ... ... ... ... ... ... ... ... ... ... ... ... ... ... ... ... ... ... ... ... ... ... ... ... ... ... ... ... ... ...
... e caminha tudo

Para a hora cheia de luz em que as lojas baixam as pálpebras
E rumor tráfego carroça comboio eu sinto sol estruge

Vertigem do meio-dia emoldurada a vertigens —
Sol dos vértices e nos... da minha visão estriada,
Do rodopio parado da minha retentiva seca,
Do abrumado clarão fixo da minha consciência de viver.

Rumor tráfego carroça comboio carros eu sinto sol rua.
Aros caixotes *trolley* loja rua *vitrines* saia olhos
Ràpidamente calhas carroças caixotes rua atravessar rua
Passeio lojistas «perdão» rua
Rua a passear por mim pela rua por mim
Tudo espelhos as lojas de cá dentro das lojas de lá
A velocidade dos carros ao contrário nos espelhos oblí-
quos das montras.

O chão no ar o sol por baixo dos pés rua regas flores no cesto rua
O meu passado rua estremece *camion* rua não me recordo rua

Eu de cabeça pra baixo no centro da minha consciência de mim
Rua sem poder encontrar uma sensação só de cada vez rua
Rua pra trás e pra diante debaixo dos meus pés
Rua em X em Y em Z por dentro dos meus braços
Rua pelo meu monóculo em círculos de cinematógrafo pequeno,
Caleidoscópio em curvas iriadas nítidas rua

Bebedeira da rua e de sentir ver ouvir tudo ao mesmo tempo.
Bater das fontes de estar vindo para cá ao mesmo tempo que vou para lá.
Comboio parte-te de encontro ao resguardo da linha de desvio!
Vapor navega direito ao cais e racha-te contra ele!
Automóvel guiado pela loucura de todo o universo precipita-te
Por todos os precipícios abaixo
E choca-te, trz!, esfrangalha-te no fundo do meu coração!

À *moi*, todos os objectos projécteis!
À *moi*, todos os objectos direcções!
À *moi*, todos os objectos invisíveis de velozes!
Batam-me, trespassem-me, ultrapassem-me!
Sou eu que me bato, que me trespasso, que me ultrapasso!
A raiva de todos os ímpetos fecha em círculo-mim!

Hela-hoho comboio, automóvel, aeroplano minhas ânsias,
Velocidade entra por todas as ideias dentro,
Choca de encontro a todos os sonhos e parte-os,

Chamusca todos os ideais humanitários e úteis,
Atropela todos os sentimentos normais, decentes, concordantes,
Colhe no giro do teu volante vertiginoso e pesado
Os corpos de todas as filosofias, os tropos de todos os poemas,
Esfrangalha-os e fica só tu, volante abstracto nos ares,
Senhor supremo, da hora europeia, metálico cio.

Vamos, que a cavalgada não tenha fim nem em Deus!
... ... ... ... ... ... ... ... ... ... ... ... ... ... ... ... ... ... ... ... ... ... ... ... ... ... ... ... ... ... ...
... ... ... ... ... ... ... ... ... ... ... ... ... ... ... ... ... ... ... ... ... ... ... ... ... ... ... ... ... ... ...
... ... ... ... ... ... ... ... ... ... ... ... ... ... ... ... ... ... ... ... ... ... ... ... ... ... ... ... ... ... ...
... ... ... ... ... ... ... ... ... ... ... ... ... ... ... ... ... ... ... ... ... ... ... ... ... ... ... ... ... ... ...

Dói-me a imaginação não sei como, mas é ela que dói,
Declina dentro de mim o sol no alto do céu.
Começa a tender a entardecer no azul e nos meus nervos.
Vamos ó cavalgada, quem mais me consegues tornar?
Eu que, veloz, voraz, comilão da energia abstracta,
Queria comer, beber, esfolar e arranhar o mundo,
Eu, que só me contentaria com calcar o universo aos pés,
Calcar, calcar, calcar até não sentir...
Eu, sinto que ficou fora do que imaginei tudo o que quis,
Que embora eu quisesse tudo, tudo me faltou.

Cavalgada desmantelada por cima de todos os cimos,
Cavalgada desarticulada por baixo de todos os poços,
Cavalgada voo, cavalgada seta, cavalgada pensamento-relâmpago,
Cavalgada eu, cavalgada eu, cavalgada o universo — eu.
Helahoho-o-o-o-o-o-o...

Meu ser elástico, mola, agulha, trepidação...

## *A CASA BRANCA NAU PRETA*

Estou reclinado na poltrona, é tarde, o Verão apagou-se...
Nem sonho, nem cismo, um torpor alastra em meu cérebro...
Não existe manhã para o meu torpor nesta hora...
Ontem foi um mau sonho que alguém teve por mim...
Há uma interrupção lateral na minha consciência...
Continuam encostadas as portas da janela desta tarde
Apesar de as janelas estarem abertas de par em par...
Sigo sem atenção as minhas sensações sem nexo,
E a personalidade que tenho está entre o corpo e a alma...

Quem dera que houvesse
Um terceiro estado prà alma, se ela tiver só dois...
Um quarto estado prà alma, se são três os que ela tem...
A impossibilidade de tudo quanto eu nem chego a sonhar
Dói-me por detrás das costas da minha consciência de sentir...

As naus seguiram,
Seguiram viagem não sei em que dia escondido,
E a rota que deviam seguir estava escrita nos ritmos,
Os ritmos perdidos das canções mortas do marinheiro de sonho...

Árvores paradas da quinta, vistas através da janela,
Árvores estranhas a mim a um ponto inconcebível à consciência de as estar vendo,
Árvores iguais todas a não serem mais que eu vê-las,
Não poder eu fazer qualquer coisa género haver árvores que deixasse de doer,

Não poder eu coexistir para o lado de lá com estar-vos vendo do lado de cá,
E poder levantar-me desta poltrona deixando os sonhos no chão...

Que sonhos?.. Eu não sei se sonhei... Que naus partiram, para onde?
Tive essa impressão sem nexo porque no quadro fronteiro
Naus partem — naus não, barcos, mas as naus estão em mim,
E é sempre melhor o impreciso que embala do que o certo que basta,
Porque o que basta acaba onde basta, e onde acaba não basta,
E nada que se pareça com isto devia ser o sentido da vida...
Quem pôs as formas das árvores dentro da existência das árvores?
Quem deu frondoso a arvoredos, e me deixou por verdecer?

Onde tenho o meu pensamento que me dói estar sem ele,
Sentir sem auxílio de poder para quando quiser, e o mar alto
E a última viagem, sempre para lá, das naus a subir...
Não há substância de pensamento na matéria de alma com que penso...
Há só janelas abertas de par em par encostadas por causa do calor que já não faz,
E o quintal cheio de luz sem luz agora ainda-agora, e eu.

Na vidraça aberta, fronteira ao ângulo com que o meu olhar a colhe
A casa branca distante onde mora... Fecho o olhar...
E os meus olhos fitos na casa branca sem a ver
São outros olhos vendo sem estar fitos nela a nau que se afasta,
E eu, parado, mole, adormecido,
Tenho o mar embalando-me e sofro...

Aos próprios palácios distantes a nau que penso não leva.
As escadas dando sobre o mar inatingível ela não alberga.
Aos jardins maravilhosos nas ilhas inexplícitas não deixa.
Tudo perde o sentido com que o abrigo em meu pórtico
E o mar entra por os meus olhos o pórtico cessando.

Caia a noite, não caia a noite, que importa a candeia
Por acender nas casas que não vejo na encosta e eu lá?

Húmida sombra nos sons do tanque nocturna sem lua, as rãs rangem
Coaxar tarde no vale, porque tudo é vale onde o som dói.

Milagre do aparecimento da Senhora das Angústias aos loucos,
Maravilha do enegrecimento do punhal tirado para os actos,
Os olhos fechados, a cabeça pendida contra a coluna certa,
E o mundo para além dos vitrais paisagem sem ruínas..

A casa branca nau preta...
Felicidade na Austrália...

## *SONETO JÁ ANTIGO*

Olha, Daisy: quando eu morrer tu hás-de
dizer aos meus amigos aí de Londres,
embora não o sintas, que tu escondes
a grande dor da minha morte. Irás de

Londres p'ra lorque, onde nasceste (dizes...
que eu nada que tu digas acredito),
contar àquele pobre rapazito
que me deu tantas horas tão felizes,

Embora não o saibas, que morri...
mesmo ele, a quem eu tanto julguei amar,
nada se importará... Depois vai dar

a notícia a essa estranha Cecily
que acreditava que eu seria grande...
Raios partam a vida e quem lá ande!

## *LISBON REVISITED*

## *(1923)*

Não: não quero nada.
Já disse que não quero nada.

Não me venham com conclusões!
A única conclusão é morrer.

Não me tragam estéticas!
Não me falem em moral!
Tirem-me daqui a metafísica!
Não me apregoem sistemas completos, não me enfileirem
conquistas
Das ciências (das ciências, Deus meu, das ciências!) —
Das ciências, das artes, da civilização moderna!

Que mal fiz eu aos deuses todos?
Se têm a verdade, guardem-na!

Sou um técnico, mas tenho técnica só dentro da técnica.
Fora disso sou doido, com todo o direito a sê-lo.
Com todo o direito a sê-lo, ouviram?

Não me macem, por amor de Deus!

Queriam-me casado, fútil, quotidiano e tributável?
Queriam-me o contrário disto, o contrário de qualquer coisa?
Se eu fosse outra pessoa, fazia-lhes, a todos, a vontade.
Assim, como sou, tenham paciência!
Vão para o diabo sem mim,

Ou deixem-me ir sozinho para o diabo!
Para que havemos de ir juntos?

Não me peguem no braço!
Não gosto que me peguem no braço. Quero ser sozinho.
Já disse que sou sozinho!
Ah, que maçada quererem que eu seja de companhia!

Ó céu azul — o mesmo da minha infância —
Eterna verdade vazia e perfeita!
Ó macio Tejo ancestral e mudo,
Pequena verdade onde o céu se reflecte!
Ó mágoa revisitada, Lisboa de outrora de hoje!
Nada me dais, nada me tirais, nada sois que eu me sinta.

Deixem-me em paz! Não tardo, que eu nunca tardo...
E enquanto tarda o Abismo e o Silêncio quero estar sozinho!

## *LISBON REVISITED*

## *(1926)*

Nada me prende a nada.
Quero cinquenta coisas ao mesmo tempo.
Anseio com uma angústia de fome de carne
O que não sei que seja
Definidamente pelo indefinido...
Durmo irrequieto, e vivo num sonhar irrequieto
De quem dorme irrequieto, metade a sonhar.

Fecharam-me todas as portas abstractas e necessárias.
Correram cortinas de todas as hipóteses que eu poderia
ver na rua.
Não há na travessa achada número de porta que me deram.

Acordei para a mesma vida para que tinha adormecido.
Até os meus exércitos sonhados sofreram derrota.
Até os meus sonhos se sentiram falsos ao serem sonhados.
Até a vida só desejada me farta — até essa vida...

Compreendo a intervalos desconexos;
Escrevo por lapsos de cansaço;
E um tédio que é até do tédio arroja-me à praia.

Não sei que destino ou futuro compete à minha angústia
sem leme;
Não sei que ilhas do Sul impossível aguardam-me náufrago;
Ou que palmares de literatura me darão ao menos um verso.

Não, não sei isto, nem outra coisa, nem coisa nenhuma...
E, no fundo do meu espírito, onde sonho o que sonhei,
Nos campos últimos da alma onde memoro sem causa
(E o passado é uma névoa natural de lágrimas falsas),
Nas estradas e atalhos das florestas longínquas
Onde supus o meu ser,
Fogem desmantelados, últimos restos
Da ilusão final,
Os meus exércitos sonhados, derrotados sem ter sido,
As minhas coortes por existir, esfaceladas em Deus.

Outra vez te revejo,
Cidade da minha infância pavorosamente perdida...
Cidade triste e alegre, outra vez sonho aqui...
Eu? Mas sou eu o mesmo que aqui vivi, e aqui voltei,
E aqui tornei a voltar, e a voltar.
E aqui de novo tornei a voltar?

Ou somos todos os Eu que estive aqui ou estiveram,
Uma série de contas-entes ligadas por um fio-memória,
Uma série de sonhos de mim de alguém de fora de mim?

Outra vez te revejo,
Com o coração mais longínquo, a alma menos minha.

Outra vez te revejo — Lisboa e Tejo e tudo —,
Transeunte inútil de ti e de mim,
Estrangeiro aqui como em toda a parte,
Casual na vida como na alma,
Fantasma a errar em salas de recordações,
Ao ruído dos ratos e das tábuas que rangem
No castelo maldito de ter que viver...

Outra vez te revejo,
Sombra que passa através de sombras, e brilha

Um momento a uma luz fúnebre desconhecida,
E entra na noite como um rastro de barco se perde
Na água que deixa de se ouvir...

Outra vez te revejo,
Mas, ai, a mim não me revejo!
Partiu-se o espelho mágico em que me revia idêntico,
E em cada fragmento fatídico vejo só um bocado de mim —
Um bocado de ti e de mim!...

## *TABACARIA*

Não sou nada.
Nunca serei nada.
Não posso querer ser nada.
A parte isso, tenho em mim todos os sonhos do mundo.

Janelas do meu quarto,
Do meu quarto de um dos milhões do mundo que ninguém sabe quem é

(E se soubessem quem é, o que saberiam?),
Dais para o mistério de uma rua cruzada constantemente por gente.

Para uma rua inacessível a todos os pensamentos,
Real, impossivelmente real, certa, desconhecidamente certa,

Com o mistério das coisas por baixo das pedras e dos seres,
Com a morte a pôr humidade nas paredes e cabelos brancos nos homens,
Com o Destino a conduzir a carroça de tudo pela estrada de nada.

Estou hoje vencido, como se soubesse a verdade.
Estou hoje lúcido, como se estivesse para morrer,
E não tivesse mais irmandade com as coisas
Senão uma despedida, tornando-se esta casa e este lado da rua
A fileira de carruagens de um comboio e uma partida apitada
De dentro da minha cabeça,
E uma sacudidela dos meus nervos e um ranger de ossos na ida.

Estou hoje perplexo como quem pensou e achou e esqueceu.
Estou hoje dividido entre a lealdade que devo
A Tabacaria do outro lado da rua, como coisa real real
por fora,
E à sensação de que tudo é sonho, como coisa por dentro.

Falhei em tudo.
Como não fiz propósito nenhum, talvez tudo fosse nada.
A aprendizagem que me deram,
Desci dela pela janela das traseiras da casa.
Fui até ao campo com grandes propósitos.
Mas lá encontrei só ervas e árvores,
E quando havia gente era igual à outra.
Saio da janela, sento-me numa cadeira. Em que hei-de
pensar?

Que sei eu do que serei, eu que não sei o que sou?
Ser o que penso? Mas penso ser tanta coisa!
E há tantos que pensam ser a mesma coisa que não pode
haver tantos!
Génio? Neste momento

Cem mil cérebros se concebem em sonho génios como eu,
E a história não marcará, quem sabe?, nem um,
Nem haverá senão estrume de tantas conquistas futuras.
Não, não creio em mim.
Em todos os manicómios há doidos malucos com tantas
certezas!
Eu, que não tenho nenhuma certeza, sou mais certo ou
menos certo?

Não, nem em mim...
Em quantas mansardas e não-mansardas do mundo
Não estão nesta hora génios-para-si-mesmos sonhando?
Quantas aspirações altas e nobres e lúcidas —

Sim, verdadeiramente altas e nobres e lúcidas —,
E quem sabe se realizáveis,
Nunca verão a luz do sol real nem acharão ouvidos de gente?
O mundo é para quem nasce para o conquistar
E não para quem sonha que pode conquistá-lo, ainda que tenha razão.

Tenho sonhado mais que o que Napoleão fez.
Tenho apertado ao peito hipotético mais humanidades do que Cristo,
Tenho feito filosofias em segredo que nenhum Kant escreveu.
Mas sou, e talvez serei sempre, o da mansarda,
Ainda que não more nela;
Serei sempre *o que não nasceu para isso;*
Serei sempre *só o que tinha qualidades;*
Serei sempre o que esperou que lhe abrissem a porta ao pé de uma parede sem porta

E cantou a cantiga do Infinito numa capoeira,
E ouviu a voz de Deus num poço tapado.
Crer em mim? Não, nem em nada.
Derrame-me a Natureza sobre a cabeça ardente
O seu sol, a sua chuva, o vento que me acha o cabelo,
E o resto que venha se vier, ou tiver que vir, ou não venha.
Escravos cardíacos das estrelas,
Conquistámos todo o mundo antes de nos levantar da cama;
Mas acordámos e ele é opaco,
Levantámo-nos e ele é alheio,
Saímos de casa e ele é a terra inteira,
Mais o sistema solar e a Via Láctea e o Indefinido.

(Come chocolates, pequena;
Come chocolates!
Olha que não há mais metafísica no mundo senão chocolates.

Olha que as religiões todas não ensinam mais que a confeitaria.
Come, pequena suja, come!
Pudesse eu comer chocolates com a mesma verdade com que comes!
Mas eu penso e, ao tirar o papel de prata, que é de folhas de estanho,
Deito tudo para o chão, como tenho deitado a vida.)

Mas ao menos fica da amargura do que nunca serei
A caligrafia rápida destes versos,
Pórtico partido para o Impossível.

Mas ao menos consagro a mim mesmo um desprezo sem lágrimas,
Nobre ao menos no gesto largo com que atiro
A roupa suja que sou, sem rol, pra o decurso das coisas,
E fico em casa sem camisa.

(Tu, que consolas, que não existes e por isso consolas,
Ou deusa grega, concebida como estátua que fosse viva,
Ou patrícia romana, impossivelmente nobre e nefasta,
Ou princesa de trovadores, gentilíssima e colorida,
Ou marquesa do século dezoito, decotada e longínqua,
Ou cocote célebre do tempo dos nossos pais,
Ou não sei quê moderno — não concebo bem o quê —
Tudo isso, seja o que for, que sejas, se pode inspirar que inspire!
Meu coração é um balde despejado.
Como os que invocam espíritos invocam espíritos invoco
A mim mesmo e não encontro nada.
Chego à janela e vejo a rua com uma nitidez absoluta.
Vejo as lojas, vejo os passeios, vejo os carros que passam,
Vejo os entes vivos vestidos que se cruzam,
Vejo os cães que também existem,

E tudo isto me pesa como uma condenação ao degredo,
E tudo isto é estrangeiro, como tudo.)

Vivi, estudei, amei, e até cri,
E hoje não há mendigo que eu não inveje só por não ser eu.

Olho a cada um os andrajos e as chagas e a mentira,
E penso: talvez nunca vivésses nem estudasses nem amasses nem cresses
(Porque é possível fazer a realidade de tudo isso sem fazer nada disso);
Talvez tenhas existido apenas, como um lagarto a quem cortam o rabo
E que é rabo para aquém do lagarto remexidamente.

Fiz de mim o que não soube,
E o que podia fazer de mim não o fiz.
O dominó que vesti era errado.
Conheceram-me logo por quem não era e não desmenti, e perdi-me.

Quando quis tirar a máscara,
Estava pegada à cara.
Quando a tirei e me vi ao espelho,
Já tinha envelhecido.
Estava bêbado, já não sabia vestir o dominó que não tinha tirado.
Deitei fora a máscara e dormi no vestiário
Como um cão tolerado pela gerência
Por ser inofensivo
E vou escrever esta história para provar que sou sublime.

Essência musical dos meus versos inúteis,
Quem me dera encontrar-te como coisa que eu fizesse,
E não ficasse sempre defronte da Tabacaria de defronte,

Calcando aos pés a consciência de estar existindo,
Como um tapete em que um bêbado tropeça
Ou um capacho que os ciganos roubaram e não valia nada,

Mas o Dono da Tabacaria chegou à porta e ficou à porta.
Olho-o com o desconforto da cabeça mal voltada
E com o desconforto da alma mal-entendendo.
Ele morrerá e eu morrerei.
Ele deixará a tabuleta, e eu deixarei versos,
A certa altura morrerá a tabuleta também, e os versos também.
Depois de certa altura morrerá a rua onde esteve a tabuleta,
E a língua em que foram escritos os versos,
Morrerá depois o planeta girante em que tudo isto se deu,
Em outros satélites de outros sistemas qualquer coisa como gente
Continuará fazendo coisas como versos e vivendo por baixo de coisas como tabuletas,

Sempre uma coisa defronte da outra,
Sempre uma coisa tão inútil como a outra,
Sempre o impossível tão estúpido como o real,
Sempre o mistério do fundo tão certo como o sono de mistério da superfície,
Sempre isto ou sempre outra coisa ou nem uma coisa nem outra,

Mas um homem entrou na Tabacaria (para comprar tabaco?).
E a realidade plausível cai de repente em cima de mim.
Semiergo-me enérgico, convencido, humano,
E vou tencionar escrever estes versos em que digo o contrário.

Acendo um cigarro ao pensar em escrevê-los
E saboreio no cigarro a libertação de todos os pensamentos.

Sigo o fumo como uma rota própria,
E gozo, num momento sensitivo e competente,
A libertação de todas as especulações
E a consciência de que a metafísica é uma consequência de estar mal disposto.

Depois deito-me para trás na cadeira
E continuo fumando.
Enquanto o Destino mo conceder, continuarei fumando.

(Se eu casasse com a filha da minha lavadeira
Talvez fosse feliz.)
Visto isto, levanto-me da cadeira. Vou à janela.

O homem saiu da Tabacaria (metendo troco na algibeira das calças?).
Ah, conheço-o: é o Esteves sem metafísica.
(O Dono da Tabacaria chegou à porta.)
Como por um instinto divino o Esteves voltou-se e viu-me.
Acenou-me adeus gritei-lhe *Adeus ó Esteves!*, e o universo
Reconstruiu-se-me sem ideal nem esperança, e o Dono da Tabacaria sorriu.

## *ESCRITO NUM LIVRO ABANDONADO EM VIAGEM*

Venho dos lados de Beja.
Vou para o meio de Lisboa.
Não trago nada e não acharei nada.
Tenho o cansaço antecipado do que não acharei,
E a saudade que sinto não é nem no passado nem no futuro.
Deixo escrita neste livro a imagem do meu desígnio morto:
*Fui, como ervas, e não me arrancaram.*

## *APOSTILA*

Aproveitar o tempo!
Mas o que é o tempo, que eu o aproveite?
Aproveitar o tempo!
Nenhum dia sem linha...
O trabalho honesto e superior...
O trabalho à Virgílio, à Mílton...
Mas é tão difícil ser honesto ou superior!
É tão pouco provável ser Mílton ou ser Virgílio!

Aproveitar o tempo!
Tirar da alma os bocados precisos — nem mais nem menos —
Para com eles juntar os cubos ajustados
Que fazem gravuras certas na história
(E estão certas também do lado de baixo que se não vê)...
Pôr as sensações em castelo de cartas, pobre China dos serões,
E os pensamentos em dominó, igual contra igual,
E a vontade em carambola difícil.

Imagens de jogos ou de paciências ou de passatempos —
Imagens da vida, imagens das vidas, Imagens da Vida,

Verbalismo...
Sim, verbalismo...
Aproveitar o tempo!
Não ter um minuto que o exame de consciência desconheça...
Não ter um acto indefinido nem factício...

Não ter um movimento desconforme com propósitos...
Boas maneiras da alma...
Elegância de persistir...

Aproveitar o tempo!
Meu coração está cansado como mendigo verdadeiro.
Meu cérebro está pronto como um fardo posto ao canto,
Meu canto, (verbalismo!) está tal como está e é triste.
Aproveitar o tempo!
Desde que comecei a escrever passaram cinco minutos,
Aproveitei-os ou não?
Se não sei se os aproveitei, que saberei de outros minutos?!

(Passageira que viajaras tantas vezes no mesmo, compartimento comigo
No comboio suburbano,
Chegaste a interessar-te por mim?
Aproveitei o tempo olhando para ti?

Qual foi o ritmo do nosso sossego no comboio andante?
Qual foi o entendimento que não chegámos a ter?
Qual foi a vida que houve nisto? Que foi isto a vida?)

Aproveitar o tempo!
Ah, deixem-me não aproveitar nada!
Nem tempo, nem ser, nem memórias de tempo ou de ser!...
Deixem-me ser uma folha de árvore, titilada por brisa,
A poeira de uma estrada involuntária e sozinha,
O vinco deixado na estrada pelas rodas enquanto não vêm outras,
O pião do garoto, que vai a parar,
E oscila, no mesmo movimento que o da alma,
E cai, como caem os deuses, no chão do Destino.

## *DEMOGORGON*

Na rua cheia de sol vago há casas paradas e gente que anda.
Uma tristeza cheia de pavor esfria-me.
Pressinto um acontecimento do lado de lá das fronteiras e dos movimentos.

Não, não, isso não!
Tudo menos saber o que é o Mistério!
Superfície do Universo, ó Pálpebras Descidas,
Não vos ergais nunca!
O olhar da Verdade Final não deve poder suportar-se!

Deixai-me viver sem saber nada, e morrer sem ir saber nada!
A razão de haver ser, a razão de haver seres, de haver tudo,
Deve trazer uma loucura maior que os espaços
Entre as almas e entre as estrelas.

Não, não, a verdade não! Deixai-me estas casas e esta gente;
Assim mesmo, sem mais nada, estas casas e esta gente...
Que abafo horrível e frio me toca em olhos fechados?
Não os quero abrir de viver! Ó Verdade, esquece-te de mim!

## *ADIAMENTO*

Depois de amanhã, sim, só depois de amanhã..
Levarei amanhã a pensar em depois de amanhã.
E assim será possível; mas hoje não...
Não, hoje nada; hoje não posso.
A persistência confusa da minha subjectividade objectiva,
O sono da minha vida real, intercalado,
O cansaço antecipado e infinito,
Um cansaço de mundos para apanhar um eléctrico.
Esta espécie de alma...
Só depois de amanhã.
Hoje quero preparar-me,
Quero preparar-me para pensar amanhã no dia seguinte...
Ele é que é decisivo.
Tenho já o plano traçado; mas não, hoje não traço planos...
Amanhã é o dia dos planos.
Amanhã sentar-me-ei à secretária para conquistar o mundo:
Mas só conquistarei o mundo depois de amanhã...
Tenho vontade de chorar,
Tenho vontade de chorar muito de repente, de dentro.

Não, não queiram saber mais nada, é segredo, não digo.
Só depois de amanhã...
Quando era criança o circo de domingo divertia-me toda a semana.
Hoje só me diverte o circo de domingo de toda a semana da minha infância...

Depois de amanhã serei outro,
A minha vida triunfar-se-á,
Todas as minhas qualidades reais de inteligente, lido e prático

Serão convocadas por um edital...
Mas por um edital de amanhã...
Hoje quero dormir, redigirei amanhã...
Por hoje qual é o espectáculo que me repetiria a infância?
Mesmo para eu comprar os bilhetes amanhã,
Que depois de amanhã é que está bem o espectáculo...
Antes, não...
Depois de amanhã terei a pose pública que amanhã estudarei.
Depois de amanhã serei finalmente o que hoje não posso nunca ser.

Só depois de amanhã...
Tenho sono como o frio de um cão vadio.
Tenho muito sono.
Amanhã te direi as palavras, ou depois de amanhã...
Sim, talvez só depois de amanhã...

O porvir...
Sim, o porvir...

## *NUVENS*

No dia triste o meu coração mais triste que o dia...
Obrigações morais e civis?
Complexidade de deveres, de consequências?
Não, nada...
O dia triste, a pouca vontade para tudo...
Nada...

Outros viajam (também viajei), outros estão ao sol
(Também estive ao sol, ou supus que estive),
Todos têm razão, ou vida, ou ignorância simétrica,
Vaidade, alegria e sociabilidade,
E emigram para voltar, ou para não voltar,
Em navios que os transportam simplesmente.
Não sentem o que há de morte em toda a partida,
De mistério em toda a chegada,
De horrível em todo o novo...

Não sentem: por isso são deputados e financeiros,
Dançam e são empregados no comércio,
Vão a todos os teatros e conhecem gente...
Não sentem: para que haveriam de sentir?

Gado vestido dos currais dos Deuses,
Deixá-lo passar engrinaldado para o sacrifício
Sob o sol, alacre, vivo, contente de sentir-se...
Deixai-o passar, mas ai, vou com ele sem grinalda
Para o mesmo destino!
Vou com ele sem o sol que sinto, sem a vida que tenho,
Vou com ele sem desconhecer...

No dia triste o meu coração mais triste que o dia...
No dia triste todos os dias...
No dia tão triste...

## "THE TIMES"

Sentou-se bêbado à mesa e escreveu um fundo
Do *Times*, claro, inclassificável, lido,
Supondo (coitado!) que ia ter influência no mundo.
... ... ... ... ... ... ... ... ... ... ... ... ... ... ... ... ... ... ... ... ... ... ... ... ... ... ... ... ... ...... ... ... ... ...
Santo Deus!... E talvez a tenha tido!

## *GAZETILHA*

Dos Lloyd Georges da Babilónia
Não reza a história nada.
Dos Briands da Assíria ou do Egipto,
Dos Trotskys de qualquer colónia
Grega ou romana já passada,
O nome é morto, inda que escrito.

Só o parvo dum poeta, ou um louco
Que fazia filosofia,
Ou um geómetra maduro,
Sobrevive a esse tanto pouco
Que está lá para trás no escuro
E nem a história já historia.

Ó grandes homens do Momento!
Ó grandes glórias a ferver
De quem a obscuridade foge!
Aproveitem sem pensamento!
Tratem da fama e do comer,
Que amanhã é dos loucos de hoje!

## *INSÓNIA*

Não durmo, nem espero dormir.
Nem na morte espero dormir.

Espera-me uma insónia da largura dos astros,
E um bocejo inútil do comprimento do mundo.

Não durmo; não posso ler quando acordo de noite.
Não posso escrever quando acordo de noite,
Não posso pensar quando acordo de noite —
Meu Deus, nem posso sonhar quando acordo de noite!

Ah, o ópio de ser outra pessoa qualquer!

Não durmo, jazo, cadáver acordado, sentindo,
E o meu sentimento é um pensamento vazio.

Passam por mim, transtornadas, coisas que me sucederam
Todas aquelas de que me arrependo e me culpo —:
Passam por mim, transtornadas, coisas que me não sucederam —
Todas aquelas de que me arrependo e me culpo —;
Passam por mim, transtornadas, coisas que não são nada,
E até dessas me arrependo, me culpo, e não durmo.

Não tenho força para ter energia para acender um cigarro.
Fito a parede fronteira do quarto como se fosse o universo.
Lá fora há o silêncio dessa coisa toda.
Um grande silêncio apavorante noutra ocasião qualquer,
Noutra ocasião qualquer em que eu pudesse sentir.

Estou escrevendo versos realmente simpáticos
Versos a dizer que não tenho nada que dizer,
Versos a teimar em dizer isso,
Versos, versos, versos, versos, versos...
Tantos versos...
E a verdade toda, e a vida toda fora deles e de mim!

Tenho sono, não durmo, sinto e não sei em que sentir
Sou uma sensação sem pessoa correspondente,
Uma abstracção de autoconsciência sem de quê,
Salvo o necessário para sentir consciência,
Salvo — sei lá salvo o quê...

Não durmo. Não durmo. Não durmo.
Que grande sono em toda a cabeça e em cima dos olhos e na alma!
Que grande sono em tudo excepto no poder dormir!

Ó madrugada, tardas tanto... Vem...
Vem, inutilmente.
Trazer-me outro dia igual a este, a ser seguido por outra noite igual a esta...
Vem trazer-me a alegria dessa esperança triste,
Porque sempre és alegre, e sempre trazes esperanças.
Segundo a velha literatura das sensações.

Vem, traz a esperança, vem, traz a esperança.
O meu cansaço entra pelo colchão dentro.
Doem-me as costas de não estar deitado de lado.
Se estivesse deitado de lado doíam-me as costas de estar deitado de lado.

Vem, madrugada, chega!

Que horas são? Não sei.
Não tenho energia para estender uma mão para o relógio,

Não tenho energia para nada, para mais nada...
Só para estes versos, escritos no dia seguinte.
Sim, escritos no dia seguinte.
Todos os versos são sempre escritos no dia seguinte.

Noite absoluta, sossego absoluto, lá fora.
Paz em toda a Natureza.
A Humanidade repousa e esquece as suas amarguras.
Exactamente.
A Humanidade esquece as suas alegrias e amarguras.
Costuma dizer-se isto.
A Humanidade esquece, sim, a Humanidade esquece,
Mas mesmo acordada a Humanidade esquece.
Exactamente. Mas não durmo.

## *ACASO*

No acaso da rua o acaso da rapariga loira.
Mas não, não é aquela.

A outra era noutra rua, noutra cidade, e eu era outro.

Perco-me subitamente da visão imediata,
Estou outra vez na outra cidade, na outra rua,
E a outra rapariga passa.

Que grande vantagem o recordar intransigentemente!
Agora tenho pena de nunca mais ter visto a outra rapariga,
E tenho pena de afinal nem sequer ter olhado para esta.

Que grande vantagem trazer a alma virada do avesso!
Ao menos escrevem-se versos.
Escrevem-se versos, passa-se por doido, e depois por génio,
se calhar.

Se calhar, ou até sem calhar,
Maravilha das celebridades!

Ia eu dizendo que ao menos escrevem-se versos...
Mas isto era a respeito de uma rapariga,
De uma rapariga loira,
Mas qual delas?
Havia uma que vi há muito tempo numa outra cidade,
Numa outra espécie de rua;
E houve esta que vi há muito tempo numa outra cidade,
Numa outra espécie de rua;
Porque todas as recordações são a mesma recordação.

Tudo que foi é a mesma morte,
Ontem, hoje, quem sabe se até amanhã?

Um transeunte olha para mim com uma estranheza ocasional.

Estaria eu a fazer versos em gestos e caretas?
Pode ser... A rapariga loira?
É a mesma afinal...
Tudo é o mesmo afinal...

Só eu, de qualquer modo, não sou o mesmo, e isso é o mesmo também afinal

## RETICÊNCIAS

Arrumar a vida, pôr prateleiras na vontade e na acção.
Quero fazer isto agora, como sempre quis, com o mesmo resultado;
Mas que bom ter o propósito claro, firme só na clareza, de fazer qualquer coisa!

Vou fazer as malas para o Definitivo,
Organizar Álvaro de Campos,
E amanhã ficar na mesma coisa que antes de ontem — um antes de ontem que é sempre...
Sorrio do conhecimento antecipado da coisa-nenhuma que serei.
Sorrio ao menos; sempre é alguma coisa o sorrir...
Produtos românticos, nós todos...
E se não fôssemos produtos românticos, se calhar não seríamos nada.

Assim se faz a literatura...
Santos Deuses assim até se faz a vida!

Os outros também são românticos,
Os outros também não realizam nada, e são ricos e pobres,
Os outros também levam a vida a olhar para as malas a arrumar,
Os outros também dormem ao lado dos papéis meio compostos,
Os outros também são eu.
Vendedeira da rua cantando o teu pregão como um hino inconsciente,

Rodinha dentada na relojoaria da economia política,
Mãe, presente ou futura, de mortos no descascar dos Impérios,
A tua voz chega-me como uma chamada a parte nenhuma, como o silêncio da vida...
Olho dos papéis que estou pensando em arrumar para a janela por onde não vi a vendedeira que ouvi por ela,
E o meu sorriso, que ainda não acabara, inclui uma crítica metafísica.
Descri de todos os deuses diante de uma secretária por arrumar,
Fitei de frente todos os destinos pela distracção de ouvir apregoando,
E o meu cansaço é um barco velho que apodrece na praia deserta,
E com esta imagem de qualquer outro poeta fecho a secretária e o poema...
Como um deus, não arrumei nem uma coisa nem outra...

## *APONTAMENTO*

A minha alma partiu-se como um vaso vazio.
Caiu pela escada excessivamente abaixo.
Caiu das mãos da criada descuidada.
Caiu, fez-se em mais pedaços do que havia loiça no vaso.

Asneira? Impossível? Sei lá!
Tenho mais sensações do que tinha quando me sentia eu.
Sou um espalhamento de cacos sobre um capacho por sacudir.

Fiz barulho na queda como um vaso que se partia.
Os deuses que há debruçam-se do parapeito da escada
E fitam os cacos que a criada deles fez de mim.

Não se zanguem com ela.
São tolerantes com ela.
O que eu era um vaso vazio?

Olham os cacos absurdamente conscientes,
Mas conscientes de si-mesmos, não conscientes deles.

Olham e sorriem.
Sorriem tolerantes à criada involuntária.

Alastra a grande escadaria atapetada de estrelas.
Um caco brilha, virado do exterior lustroso, entre os astros.
A minha obra? A minha alma principal? A minha vida?
Um caco.
E os deuses olham-no especialmente, pois não sabem porque ficou ali.

## *DE LA MUSIQUE*

Ah, pouco a pouco, entre as árvores antigas,
A figura dela emerge e eu deixo de pensar...

Pouco a pouco, da angústia de mim vou eu mesmo emergindo...

As duas figuras encontram-se na clareira ao pé do lago...

...As duas figuras sonhadas,
Porque isto foi só um raio de luar e uma tristeza minha.
E uma suposição de outra coisa,
E o resultado de existir...

Verdadeiramente, ter-se-iam encontrado as duas figuras
Na clareira ao pé do lago?

(...Mas se não existem?...)

...Na clareira ao pé do lago?...

## *ANIVERSÁRIO*

No tempo em que festejavam o dia dos meus anos,
Eu era feliz e ninguém estava morto.
Na casa antiga, até eu fazer anos era uma tradição de há séculos,
E a alegria de todos, e a minha, estava certa com uma religião qualquer.
No tempo em que festejavam o dia dos meus anos,
Eu tinha a grande saúde de não perceber coisa nenhuma,
De ser inteligente para entre a família,
E de não ter as esperanças que os outros tinham por mim.
Quando vim a ter esperanças, já não sabia ter esperanças.
Quando vim a olhar para a vida, perdera o sentido da vida.

Sim, o que fui de suposto a mim mesmo,
O que fui de coração e parentesco,
O que fui de serões de meia-província,

O que fui de amarem-me e eu ser menino.
O que fui — ai, meu Deus!, o que só hoje sei que fui...
A que distância!...
(Nem o acho...)
O tempo em que festejavam o dia dos meus anos!

O que eu sou hoje é como a humidade no corredor do fim da casa,

Pondo grelado nas paredes...
O que eu sou hoje (e a casa dos que me amaram treme através das minhas lágrimas),
O que eu sou hoje é terem vendido a casa.

É terem morrido todos,
É estar eu sobrevivente a mim-mesmo como um fósforo frio...

No tempo em que festejavam o dia dos meus anos.
Que meu amor, como uma pessoa, esse tempo!
Desejo físico da alma de se encontrar ali outra vez.
Por uma viagem metafísica e carnal,
Com uma dualidade de eu para mim...
Comer o passado como pão de fome, sem tempo de manteiga nos dentes!
Vejo tudo outra vez com uma nitidez que me cega para o que há aqui...
A mesa posta com mais lugares, com melhores desenhos na loiça, com mais copos,
O aparador com muitas coisas — doces, frutas, o resto na sombra debaixo do alçado —,
As tias velhas, os primos diferentes, e tudo era por minha causa,
No tempo em que festejavam o dia dos meus anos...

Pára, meu coração!
Não penses! Deixa o pensar na cabeça!
Ó meu Deus, meu Deus, meu Deus!
Hoje já não faço anos.
Duro.
Somam-se-me dias.
Serei velho quando o for.
Mais nada.
Raiva de não ter trazido o passado roubado na algibeira!...

O tempo em que festejavam o dia dos meus anos!...

## *BICARBONATO DE SODA*

Súbita, uma angústia...
Ah, que angústia, que náusea do estômago à alma!
Que amigos que tenho tido!
Que vazias de tudo as cidades que tenho percorrido!
Que esterco metafísico os meus propósitos todos!

Uma angústia,
Uma desconsolação da epiderme da alma,
Um deixar cair os braços ao sol-pôr do esforço...
Renego.
Renego tudo.
Renego mais do que tudo.
Renego a gládio e fim todos os Deuses e a negação deles.

Mas o que é que me falta, que o sinto faltar-me no estômago e na circulação do sangue?
Que atordoamento vazio me esfalfa no cérebro?

Devo tomar qualquer coisa ou suicidar-me?
Não: vou existir. Arre! Vou existir.
E-xis-tir...
E-xis-tir...

Meu Deus! Que budismo me esfria no sangue!
Renunciar de portas todas abertas,
Perante a paisagem todas as paisagens,
Sem esperança, em liberdade,
Sem nexo,

Acidente da inconsequência da superfície das coisas,
Monótono mas dorminhoco,
E que brisas quando as portas e as janelas estão todas abertas!
Que verão agradável dos outros!

Dêem-me de beber, que não tenho sede!

## *TRAPO*

O dia deu em chuvoso.
A manhã, contudo, estava bastante azul.
O dia deu em chuvoso.
Desde manhã eu estava um pouco triste.
Antecipação? Tristeza? Coisa nenhuma?
Não sei: já ao acordar estava triste.
O dia deu em chuvoso.

Bem sei: a penumbra da chuva é elegante.
Bem sei: o sol oprime, por ser tão ordinário, um elegante.
Bem sei: ser susceptível às mudanças de luz não é elegante.
Mas quem disse ao sol ou aos outros que eu quero ser elegante?
Dêem-me o céu azul e o sol visível.
Névoa, chuvas, escuros — isso tenho eu em mim.
Hoje quero só sossego.
Até amaria o lar, desde que o não tivesse.
Chego a ter sono de vontade de ter sossego.

Não exageremos!
Tenho efectivamente sono, sem explicação.
O dia deu em chuvoso.

Carinhos? Afectos? São memórias...
É preciso ser-se criança para os ter...
Minha madrugada perdida, meu céu azul verdadeiro!
O dia deu em chuvoso.

Boca bonita da filha do caseiro,
Polpa de fruta de um coração por comer...
Quando foi isso? Não sei...
No azul da manhã...

O dia deu em chuvoso.

## *AH, UM SONETO...*

Meu coração é um almirante louco
que abandonou a profissão do mar
e que a vai relembrando pouco a pouco
em casa a passear, a passear...

No movimento (eu mesmo me desloco
nesta cadeira, só de o imaginar)
o mar abandonado fica em foco
nos músculos cansados de parar.

Há saudades nas pernas e nos braços.
Há saudades no cérebro por fora.
Há grandes raivas feitas de cansaços.

Mas — esta é boa! — era do coração
que eu falava... e onde diabo estou eu agora
com almirante em vez de sensação?...

## *REALIDADE*

Sim, passava aqui frequentemente há vinte anos...
Nada está mudado — ou, pelo menos, não dou por isso
Nesta localidade da cidade...

Há vinte anos!...
O que eu era então! Ora, era outro...
Há vinte anos, e as casas não sabem de nada...

Vinte anos inúteis (e sei lá se o foram!
Sei eu o que é útil ou inútil?)...
Vinte anos perdidos (mas o que seria ganhá-los?)

Tento reconstruir na minha imaginação
Quem eu era e como era quando por aqui passava
Há vinte anos...
Não me lembro, não me posso lembrar.

O outro que aqui passava então,
Se existisse hoje, talvez se lembrasse.
Há tanta personagem de romance que conheço melhor por dentro
De que esse eu-mesmo que há vinte anos passava aqui!

Sim, o mistério do tempo.
Sim, o não se saber nada,
Sim, o termos todos nascido a bordo.
Sim, sim, tudo isso, ou outra forma de o dizer...

Daquela janela do segundo-andar, ainda idêntica a si mesma,

Debruçava-se então uma rapariga mais velha que eu,
mais lembradamente de azul.

Hoje, se calhar, está o quê?
Podemos imaginar tudo do que nada sabemos.
Estou parado física e moralmente: não quero imaginar
nada...

Houve um dia em que subi esta rua pensando alegre-
mente no futuro.
Pois Deus dá licença que o que não existe seja forte-
mente iluminado.
Hoje, descendo esta rua, nem no passado penso alegre-
mente.
Quando muito, nem penso...
Tenho a impressão que as duas figuras se cruzaram na
rua, nem então nem agora.
Mas aqui mesmo, sem tempo a perturbar o cruzamento.

Olhamos indiferentemente um para o outro.
E eu o antigo lá subi a rua imaginando um futuro girassol.
E eu o moderno lá desci a rua não imaginando nada.

Talvez isto realmente se desse...
Verdadeiramente se desse...
Sim, carnalmente se desse...
Sim, talvez...

## *PSIQUETÍPIA (OU PSICOTÍPIA)*

Símbolos. Tudo símbolos...
Se calhar, tudo é símbolos...
Serás tu um símbolo também?

Olho, desterrado de ti, as tuas mãos brancas
Postas, com boas maneiras inglesas, sobre a toalha da mesa,
Pessoas independentes de ti...
Olho-as: também serão símbolos?
Então todo o mundo é símbolo e magia?
Se calhar é...
E porque não há-de ser?

Símbolos...
Estou cansado de pensar...
Ergo finalmente os olhos para os teus olhos que me olham.
Sorris, sabendo bem em que eu estava, pensando...

Meu Deus! e não sabes...
Eu pensava nos símbolos...
Respondo fielmente à tua conversa por cima da mesa...
«*It was very strange, wasn't it?*»
«*Awfully strange. And how did it end?*»
«*Well, it didn't end. It never does, you know.*»
Sim, *you know*... Eu sei...
Sim, eu sei...
É o mal dos símbolos, *you know.*
*Yes, I know.*
Conversa perfeitamente natural... Mas os símbolos?
Não tiro os olhos de tuas mãos... Quem são elas?
Meu Deus! Os símbolos... Os símbolos...

## *MAGNIFICAT*

Quando é que passará esta noite interna, o universo,
E eu, a minha alma, terei o meu dia?
Quando é que despertarei de estar acordado?
Não sei. O sol brilha alto,
Impossível de fitar.
As estrelas pestanejam frio.
Impossíveis de contar.
O coração pulsa alheio,
Impossível de escutar.
Quando é que passará este drama sem teatro,
Ou este teatro sem drama.
E recolherei a casa?
Onde? Como? Quando?
Gato que me fitas com olhos de vida, quem tens lá no fundo?
É esse! É esse!
Esse mandará como Josué parar o sol e eu acordarei;
E então será dia.
Sorri, dormindo, minha alma!
Sorri, minha alma, será dia!

## *PECADO ORIGINAL*

Ah, quem escreverá a história do que poderia ter sido?
Será essa, se alguém a escrever,
A verdadeira história da humanidade.

O que há é só o mundo verdadeiro, não é nós, só o mundo:
O que não há somos nós, e a verdade está aí.

Sou quem falhei ser.
Somos todos quem nos supusemos.
A nossa realidade é o que não conseguimos nunca.

Que é daquela nossa verdade — o sonho à janela da infância?
Que é daquela nossa certeza — o propósito à mesa de depois?

Medito, a cabeça curvada contra as mãos sobrepostas
Sobre o parapeito alto da janela de sacada,
Sentado de lado numa cadeira, depois de jantar.

Que é da minha realidade, que só tenho a vida?
Que é de mim, que sou só quem existo?

Quantos Césares fui!

Na alma, e com alguma verdade;
Na imaginação, e com alguma justiça;
Na inteligência, e com alguma razão —
Meu Deus! Meu Deus! Meu Deus!
Quantos Césares fui!
Quantos Césares fui!
Quantos Césares fui!

## *DACTILOGRAFIA*

Traço sozinho, no meu cubículo de engenheiro, o plano,
Firmo o projecto, aqui isolado,
Remoto até de quem eu sou.

Ao lado, acompanhamento banalmente sinistro,
O tic-tac estalado das máquinas de escrever.
Que náusea da vida!
Que abjecção esta regularidade!
Que sono este ser assim!

Outrora, quando fui outro, eram castelos e cavaleiros
(Ilustrações, talvez, de qualquer livro de infância),
Outrora, quando fui verdadeiro ao meu sonho,
Eram grandes paisagens do Norte, explícitas de neve,
Eram grandes palmares do Sul, opulentos de verdes.

Outrora.

Ao lado, acompanhamento banalmente sinistro.
O tic-tac estalado das máquinas de escrever.

Temos todos duas vidas:
A verdadeira, que é a que sonhamos na infância,
E que continuamos sonhando, adultos num substrato de névoa;
A falsa, que é a que vivemos em convivência com outros.
Que é a prática, a útil,
Aquela em que acabam por nos meter num caixão.

Na outra não há caixões, nem mortes,
Há só ilustrações de infância:

Grandes livros coloridos, para ver mas não ler;
Grandes páginas de cores para recordar mais tarde.
Na outra somos nós,
Na outra vivemos;
Nesta morremos, que é o que viver quer dizer;
Neste momento, pela náusea, vivo na outra...

Mas ao lado, acompanhamento banalmente sinistro.
Ergue a voz o tic-tac estalado das máquinas de escrever.

## *MARINETTI, ACADÉMICO*

Lá chegam todos, lá chegam todos...
qualquer dia, salvo venda, chego eu também...
Se nascem, afinal, todos para isso...

Não tenho remédio senão morrer antes,
Não tenho remédio senão escalar o Grande Muro...
Se fico cá, prendem-me para ser social...

Lá chegam todos, porque nasceram para Isso,
E só se chega ao Isso para que se nasceu...

Lá chegam todos...
Marinetti, académico...

As Musas vingaram-se com focos eléctricos, meu velho,
Puseram-te por fim na ribalta da cave velha,
E a tua dinâmica, sempre um bocado italiana, f-f-f-f-f-f-f-f......

## *ODE MARCIAL*

Inúmero rio sem água — só gente e coisas,
Pavorosamente sem água!

Soam tambores longínquos no meu ouvido,
E eu não sei se vejo o rio se ouço os tambores,
Como se não pudesse ouvir e ver ao mesmo tempo!

Helahoho! helahoho!

A máquina de costura da pobre viúva morta à baioneta...
Ela cosia à tarde indeterminadamente...
A mesa onde jogavam os velhos,

Tudo misturado, tudo misturado com corpos, com sangues,
Tudo um só rio, uma só onda, um só arrastado horror.

Helahoho! helahoho!

Desenterrei o comboio de lata da criança calcado no
meio da estrada.
E chorei como todas as mães do mundo sobre o horror
da vida.
Os meus pés panteístas tropeçaram na máquina de cos-
tura da viúva que mataram à baioneta
E esse pobre instrumento de paz meteu uma lança no
meu coração.

Sim, fui eu o culpado de tudo, fui eu o soldado todos eles
Que matou, violou, queimou e quebrou.
Fui eu e a minha vergonha e o meu remorso com uma
sombra disforme

Passeiam por todo o mundo como Ashavero,
Mas atrás dos meus passos soam passos do tamanho do infinito.

E um pavor físico de encontrar Deus faz-me fechar os olhos de repente.

Cristo absurdo da expiação de todos os crimes e de todas as violências,
A minha cruz está dentro de mim, hirta, a escaldar, a quebrar
E tudo dói na minha alma extensa como um Universo.

Arranquei o pobre brinquedo das mãos da criança e bati-lhe.
Os seus olhos assustados do meu filho que talvez terei e que matarão também
Pediram-me sem saber como toda a piedade por todos.

Do quarto da velha arranquei o retrato do filho e rasguei-o,
Ela, cheia de medo, chorou e não fez nada...
Senti de repente que ela era minha mãe e pela espinha abaixo passou-me o sopro de Deus.

Quebrei a máquina de costura da viúva pobre.
Ela chorava a um canto sem pensar na máquina de costura.
Haverá outro mundo onde eu tenha que ter uma filha que enviúve e a quem aconteça isto?

Mandei, capitão, fuzilar os camponeses trémulos,
Deixei violar as filhas de todos os pais atados a árvores,
Agora vi que foi dentro de meu coração que tudo isso se passou,
E tudo escalda e sufoca e eu não me posso mexer sem que tudo seja o mesmo.
Deus tenha piedade de mim que a não tive de ninguém!

### *LÀ-BAS, JE NE SAIS OÙ...*

Véspera de viagem, campainha...
Não me sobreavisem estridentemente!

Quero gozar o repouso da *gare* da alma que tenho
Antes de ver avançar para mim a chegada de ferro
Do comboio definitivo,
Antes de sentir a partida verdadeira nas goelas do estômago,
Antes de pôr no estribo um pé
Que nunca aprendeu a não ter emoção sempre que teve que partir.

Quero, neste momento, fumando no apeadeiro de hoje,
Estar ainda um bocado agarrado à velha vida.
Vida inútil, que era melhor deixar, que é uma cela?
Que importa? Todo o universo é uma cela, e o estar preso não tem que ver com o tamanho da cela.

Sabe-me a náusea próxima o cigarro. O comboio já partiu da outra estação...
Adeus, adeus, adeus, toda a gente que não veio despedir-se de mim,

Minha família abstracta e impossível...
Adeus dia de hoje, adeus apeadeiro de hoje, adeus vida, adeus vida!

Ficar como um volume rotulado esquecido,
Ao canto do resguardo de passageiros do outro lado da linha.

Ser encontrado pelo guarda casual depois da partida —
«E esta? Então não houve um tipo que deixou isto aqui?» —

Ficar só a pensar em partir,
Ficar e ter razão,
Ficar e morrer menos...

Vou para o futuro como para um exame difícil.
Se o comboio nunca chegasse e Deus tivesse pena de mim?

Já me vejo na estação até aqui simples metáfora.
Sou uma pessoa perfeitamente apresentável.
Vê-se — dizem — que tenho vivido no estrangeiro.
Os meus modos são de homem educado, evidentemente.
Pego na mala, rejeitando o moço, como a um vício vil.
E a mão com que pego na mala treme-me e a ela.

Partir!
Nunca voltarei.
Nunca voltarei porque nunca se volta.
O lugar a que se volta é sempre outro,
A gare a que se volta é outra.
Já não está a mesma gente, nem a mesma luz, nem a
mesma filosofia.

Partir! Meu Deus, partir! Tenho medo de partir!...

## *DOBRADA À MODA DO PORTO*

Um dia, num restaurante, fora do espaço e do tempo,
Serviram-me o amor como dobrada fria.
Disse delicadamente ao missionário da cozinha
Que a preferia quente,
Que a dobrada (e era à moda do Porto) nunca se come fria.

Impacientaram-se comigo.
Nunca se pode ter razão, nem num restaurante.
Não comi, não pedi outra coisa, paguei a conta,
E vim passear para toda a rua.

Quem sabe o que isto quer dizer?
Eu não sei, e foi comigo...

(Sei muito bem que na infância de toda a gente houve um jardim.
Particular ou público, ou do vizinho.
Sei muito bem que brincarmos era o dono dele.
E que a tristeza é de hoje):

Sei isso muitas vezes,
Mas, se eu pedi amor, porque é que me trouxeram
Dobrada à moda do Porto fria?
Não é prato que se possa comer frio,
Mas trouxeram-mo frio.
Não me queixei, mas estava frio,
Nunca se pode comer frio, mas veio frio.

## *POEMA EM LINHA RECTA*

Nunca conheci quem tivesse levado porrada.
Todos os meus conhecidos têm sido campeões em tudo.

E eu, tantas vezes reles, tantas vezes porco, tantas vezes vil,
Eu tantas vezes irrespondivelmente parasita,
Indesculpàvelmente sujo,
Eu, que tantas vezes não tenho tido paciência para tomar banho,
Eu, que tantas vezes tenho sido ridículo, absurdo,
Que tenho enrolado os pés publicamente nos tapetes das etiquetas,
Que tenho sido grotesco, mesquinho, submisso e arrogante,
Que tenho sofrido enxovalhos e calado,
Que quando não tenho calado, tenho sido mais ridículo ainda;
Eu, que tenho sido cómico às criadas de hotel,
Eu, que tenho sentido o piscar de olhos dos moços de fretes,
Eu, que tenho feito vergonhas financeiras, pedido emprestado sem pagar,
Eu, que, quando a hora do soco surgiu, me tenho agachado,
Para fora da possibilidade do soco;

Eu, que tenho sofrido a angústia das pequenas coisas ridículas,
Eu verifico que não tenho par nisto tudo neste mundo.

Toda a gente que eu conheço e que fala comigo
Nunca teve um acto ridículo, nunca sofreu enxovalho,
Nunca foi senão príncipe — todos eles príncipes — na vida...

Quem me dera ouvir de alguém a voz humana
Que confessasse não um pecado, mas uma infâmía;
Que contasse, não uma violência, mas uma cobardia!
Não, são todos o Ideal, se os oiço e me falam.
Quem há neste largo mundo que me confesse que uma vez foi vil?
Ó príncípes, meus irmãos,

Arre, estou farto de semideuses!
Onde é que há gente no mundo?

Então sou só eu que é vil e erróneo nesta terra?

Poderão as mulheres não os terem amado,
Podem ter sido traídos — mas ridículos nunca!
E eu, que tenho sido ridículo sem ter sido traído,
Como posso eu falar com os meus superiores sem titubear?
Eu, que tenho sido vil, literalmente vil,
Vil no sentido mesquinho e infame da vileza.

## *VILEGIATURA*

O sossego da noite, na vilegiatura no alto;
O sossego, que mais aprofunda
O ladrar esparso dos cães de guarda na noite;
O silêncio, que mais se acentua,
Porque zumbe ou murmura uma coisa nenhuma no escuro...
Ah, a opressão de tudo isto!
Oprime como ser feliz!
Que vida idílica, se fosse outra pessoa que a tivesse
Com o zumbido ou murmúrio monótono de nada
Sob o céu sardento de estrelas,
Com o ladrar dos cães polvilhando o sossego de tudo!

Vim para, aqui repousar,
Mas esqueci-me de me deixar lá em casa.
Trouxe comigo o espinho essencial de ser consciente,
A vaga náusea, a doença incerta, de me sentir.

Sempre esta inquietação mordida aos bocados
Como pão ralo escuro, que se esfarela caindo.
Sempre este mal-estar tomado aos maus haustos
Como um vinho de bêbado quando nem a náusea obsta.
Sempre, sempre, sempre
Este defeito da circulação na própria alma,
Esta lipotimia das sensações,
Isto...

Tuas mãos esguias, um pouco pálidas, um pouco minhas,
Estavam naquele dia quietas pelo teu regaço de sentada,
Como e onde a tesoira e o dedal de uma outra.
Cismavas, olhando-me, como se eu fosse o espaço.

Recordo para ter em que pensar, sem pensar.
De repente, num meio suspiro, interrompeste o que estavas sendo.
Olhaste conscientemente para mim, e disseste:
«Tenho pena que todos os dias não sejam assim» —
Assim, como aquele dia que não fora nada...

Ah, não sabias.
Felizmente não sabias.
Que a pena é todos os dias serem assim, assim;
Que o mal é que, feliz ou infeliz,
A alma goza ou sofre o íntimo tédio de tudo,
Consciente ou inconscientemente,
Pensando ou por pensar —
Que a pena é essa...

Lembro fotogràficamente as tuas mãos paradas,
Molemente estendidas.
Lembro-me, neste momento, mais delas do que de ti.
Que será feito de ti?
Sei que, no formidável algures da vida,
Casaste. Creio que és mãe. Deves ser feliz.
Porque o não haverias de ser?

Só por maldade...
Sim, seria injusto...
Injusto?

(Era um dia de sol pelos campos e eu dormitava, sorrindo).

... ... ... ... ... ... ... ... ... ... ... ... ... ... ... ... ... ... ... ... ... ... ... ... ... ... ... ... ... ...

A vida...
Branco ou tinto, é o mesmo: é para vomitar.

## *CLEARLY NON-CAMPOS!*

Não sei qual é o sentimento, ainda inexpresso,
Que subitamente, como uma sufocação, me aflige
O coração que, de repente,
Entre o que vive, se esquece.
Não sei qual é o sentimento
Que me desvia do caminho,
Que me dá de repente
Um nojo daquilo que seguia,
Uma vontade de nunca chegar a casa,
Um desejo de indefinido,
Um desejo lúcido de indefinido.

Quatro vezes mudou a 'stação falsa
No falso ano, no imutável curso
　　　　　　Do tempo consequente;
Ao verde segue o seco, e ao seco o verde,
E não sabe ninguém qual é o primeiro,
　　　　　　Nem o último, e acabam.

## *BARROW-ON-FURNESS*

### *I*

Sou vil, sou reles, como toda a gente,
Não tenho ideais, mas não os tem ninguém.
Quem diz que os tem é como eu, mas mente.
Quem diz que busca é porque não os tem.

É com a imaginação que eu amo o bem.
Meu baixo ser porém não mo consente.
Passo, fantasma do meu ser presente,
Ébrio, por intervalos, de um Além.

Como todos não creio no que creio.
Talvez possa morrer por esse ideal.
Mas; enquanto não morro, falo e leio.
Justificar-me? Sou quem todos são...
Modificar-me? Para meu igual?..
— Acaba lá com isso, ó coração!

### II

Deuses, forças, almas de ciência ou fé,
Eh! Tanta explicação que nada explica!
Estou sentado no cais, numa barrica,
E não compreendo mais do que de pé.

Porque o havia de compreender?
Pois sim, mas também porque o não havia?
Água do rio, correndo suja e fria,
Eu passo como tu, sem mais valer...

Ó universo, novelo emaranhado,
Que paciência de dedos de quem pensa
Em outra causa te põe separado?

Deixa de ser novelo o que nos fica...
A que brincar? Ao amor?, à indif´rença?
Por mim, só me levanto da barrica.

### III

Corre, raio de rio, e leva ao mar
A minha indiferença subjectiva!
Qual «leva ao mar»! Tua presença esquiva
Que tem comigo e com o meu pensar?

Lesma de sorte! Vivo a cavalgar
A sombra de um jumento. A vida viva
Vive a dar nomes ao que não se activa,
Morre a pôr etiquetas ao grande ar...

Escancarado Furness, mais três dias
Te aturarei, pobre engenheiro preso
A sucessibilíssimas vistorias...

Depois, ir-me-ei embora, eu e o desprezo
(E tu irás do mesmo modo que ias),
Qualquer, na gare, de cigarro aceso...

### IV

Conclusão a sucata!... Fiz o cálculo,
Saiu-me certo, fui elogiado.
Meu coração é um enorme estrado
Onde se expõe um pequeno animálculo...

A microscópio de desilusões
Findei, prolixo nas minúcias fúteis...
Minhas conclusões práticas, inúteis...
Minhas conclusões teóricas, confusões..

Que teorias há para quem sente
O cérebro quebrar-se, como um dente
Dum pente de mendigo que emigrou?

Fecho o caderno dos apontamentos
E faço riscos moles e cinzentos
Nas costas do envelope do que sou...

## V

Há quanto tempo, Portugal, há quanto
Vivemos separados! Ah, mas a alma,
Esta alma incerta, nunca forte ou calma,
Não se distrai de ti, nem bem nem tanto.

Sonho, histérico oculto, um vão recanto...
O rio Furness, que é o que aqui banha.
Só irònicamente me acompanha,
Que estou parado e ele correndo tanto...

Tanto? Sim, tanto relativamente...
Arre, acabemos com as distinções.
As subtilezas, o interstício, o entre,
A metafísica das sensações —

Acabemos com isto e tudo mais...
Ah, que ânsia humana de ser rio ou cais!

# ÍNDICE

## II PARTE

A presente edição de POESIAS de Álvaro de Campo é o Volume de número 22 da Coleção Excelsior. Capa Cláudio Martins. Impresso na Líthera Maciel Editora e Gráfica Ltda., à rua Simão Antônio 1.070 - Contagem, para a Editora Itatiaia, à Rua São Geraldo, 67 - Belo Horizonte - MG. No catálogo geral leva o número 01042/2B. ISBN. 85-319-0722-5.